New Work vs. Deep Work 4.0

Praxistipps direkt von Startups aus dem Silicon Valley

By Tom Illauer

Bibliografische Information der Deutschen Nationalbibliothek:

Die Deutsche Nationalbibliothek verzeichnet diese Publikation in der Deutschen Nationalbibliografie; detaillierte bibliografische Daten sind im Internet über http://dnb.dnb.de abrufbar.

© 2019 Tom Illauer

Herstellung und Verlag:

BoD – Books on Demand, Norderstedt

ISBN: 978-3-7431-4091-2

Inhaltsverzeichnis

Über den Autor:.. 6

Vorwort:... 7

Sonntagmorgen: Der erste Tag 15

Unternehmer, Manager oder Fachkraft? 19

Mehr Zeit für alle: Die Aufräumaktion 25

Das dreifache Pareto-Gesetz: 29

Risikomanagement > Chancenmanagement:........... 33

Fokussiertes Arbeiten: Deep Work........................... 35

Meetings: Der Zeitfresser Nr. 1 in Unternehmen..... 39

Der tägliche E-Mail Tsunami:.................................... 45

Deine neue Sekretärin: Die Heldin deiner Zeit 52

Kompetenzen für Mitarbeiter? Ja, bitte!................. 65

Tunnelarbeit oder Multitasking?.............................. 70

Führung: Aus Theorie wird Praxis:............................ 76

Ziele, Visionen und Werte: Leere Phrasen? 107

KPI, ROAS … das Dilemma von Kennzahlen:........... 110

Privatleben: Tages-Routinen für den Erfolg 113

Über den Autor:

Tom Illauer ist 29 Jahre alt, als er sein zweites Buch schreibt. Sein erstes Buch konzentrierte sich auf die größten Engpässe von Unternehmen, dieses Buch um die Optimierung von erfolgreichen Unternehmen.

Herr Illauer ist gelernter Bankkaufmann, absolvierte sieben Jahre lang nebenberuflich zu seiner Vollzeittätigkeit als Manager, samstags die Studien Bankfachwirt, Bankbetriebswirt und Diplom-Betriebswirt. Seit fünf Jahren konzentriert er sich auf Neuromarketing und Verkaufspsychologie und lehrt derzeit als Dozent für neuronales Marketing an einer Privatuniversität in Hamburg.

Hauptberuflich und als Passion leitete er mit nur 23 Jahren das Marketing und den Vertrieb eines Industriesoftwareunternehmens, mit 26 Jahren das Marketing eines Ex-Börsennotierten Unternehmens in der Gesundheitsbranche mit 500 Millionen Jahres-Außenumsatz und aktuell mit 29 Jahren das Marketing eines deutschlandweiten Konzerns mit acht Unternehmen, 80 Filialen, 2.000 Mitarbeitern und 200 Millionen Jahres Außenumsatz.

Privat liebt er es, Zeit mit seinem Hund zu verbringen, bis zu neunmal pro Woche Sport zu treiben (Rad, Kraft- und Kampfsport), mit seinen Freunden zu grillen und mit smarten Leuten coole Projekte aufzubauen.

E-Mail tom.illauer@gmx.de

Vorwort:

Liebe Produktivitätsfreunde,

dass Sie sich dieses Buch gekauft haben, sagt mehr über Sie aus als Sie denken. Es zeigt mir, dass Sie den Faktor Zeit als Währung anerkennen. Aber was ist Zeit und was unterscheidet erfolgreiche Menschen von weniger erfolgreichen Menschen?

Erfolgreiche Menschen haben einen Nenner: Sie konzentrieren sich fokussiert auf die eine Sache, die sie zum selbst gesetzten Ziel bringen kann, ohne sich in diesem Tunnel von anderen Aspekten ablenken zu lassen.

Ist es nicht paradox? Ich kannte ein Unternehmen, dort musste der Vorstand Bestellungen in Höhe von 4.000 Euro für Leitzordner paraphieren. In jedem Unternehmen ist klar geregelt, wie man Parkgebühren einzureichen hat, wie man Porto einsparen kann, wie man Urlaub beantragt, von wann bis wann man arbeiten muss und wo man in der Hierarchie angeordnet ist. Gleichzeitig habe ich noch kein Unternehmen interviewen dürfen, welches gleiche Regeln und Verhaltensweisen für die Währung Zeit adaptiert. 100 E-Mails am Tag, Anrufe die einem aus der konzentrierten Excel Tabelle herausreißen, vier Meetings am Tag, bei denen die Hälfte zu spät kommt und jeder am Ende nicht weiß, wer was zu tun hat. Kommt Ihnen das bekannt vor?

Ich habe angefangen alles zu hinterfragen, was man hinterfragen kann. Ich habe mich gefragt, woher diese konventionellen Rahmenbedingungen kommen? Fakt ist, dass der Achtstundentag in der Industrialisierung 1942 eingeführt wurde.

In dieser Zeitepoche wurde die Produktivität erfunden und die Fließbandarbeit revolutionierte das bisherige Handwerk. Doch seitdem hat sich viel getan! Die Digitalisierung, 5G, Quantencomputer, Blockchain, Künstliche Intelligenz und zuletzt die Marktplatzökonomie haben unsere Arbeitswelt disruptiert.

Jeder dieser einzelnen technologischen Innovationen hat die gleiche Auswirkung wie die Erfindung des Fließbandes von Henry Ford. Daher stelle ich die Frage noch mal: Ist es nicht paradox? Paradox, dass sich die gesamten Rahmenbedingungen in der Arbeitswelt vollständig verändert haben, gleichwohl die Arbeitsbedingungen seit der Erfindung der automatisierten Erstellung von Standardprodukten nicht?

Sie lesen die Geschichte von Michael Maßberg. Herr Maßberg ist ein erfolgreicher Unternehmer in der Branche für Küchenhersteller. Das Unternehmen hat er mit nur 31 Jahren gegründet, zum Monopol innerhalb seiner Region geführt, beschäftigt aktuell 120 Mitarbeiter und erwirtschaftet einen soliden jährlich sukzessiv wachsenden Jahres-Reingewinn. Herr Maßberg ist nun 54 Jahre alt, als alleiniger Geschäftsführer tätig, arbeitet 65 Stunden die Woche und sein Leben definiert sich primär aus seinem beruflichen Erfolg.

Vor sechs Monaten hat ihn seine Frau verlassen, seine zwei Kinder leben bei seiner Exfrau, seine körperliche Fitness ist stark eingeschränkt, die Ernährung suboptimal und seine Wochenenden verbringt er am liebsten alleine vor dem Fernseher beim Fußball gucken. Begleiten Sie Herrn Maßberg bei seiner Wandlung zum Zeit-Millionär, die er während eines Jahres mithilfe von Zeitmanagementcoach Thomas Thöle erreichte.

In meinem ersten Buch namens »Business Science« ging es um die Optimierung Ihres Unternehmens, wenn die organische Nachfrage höher sein könnte. In dem Buch haben wir uns um die fünf elementarsten strategischen Prinzipien in der Unternehmensführung beschäftigt.

In diesem Buch erhalten Sie die besten Tipps von den größten Unternehmern und Gründern aus den letzten 100 Jahren, den erfolgreichsten Wettkampfsportlern der Welt, herausragenden Persönlichkeiten, Erfahrungsberichten von weltweiten Managern und in der Praxis anerkannte schnelle Produktivitätshacks aus meiner beruflichen Karriere als Leiter Marketing von mehreren Unternehmen mit mehreren 100 Millionen Jahres Außenumsatz. Wie hat Jeff Bezos ein Unternehmen mit aktuell 500.000 Arbeitnehmern aufgebaut? Wie schaffen es Kollegen die Karriereleiter im Sturm zu erobern, während Sie derjenige sind, der 50 Stunden die Woche arbeitet, sich an Projekten beteiligt und stets beliebter ist als der Kollege?

Ich werde Ihre Vorstellung und Ihr Mindset zum Thema Zeitmanagement vollständig revolutioniert präsentieren, indem ich die typischen unternehmerischen, aus der Historie entstandenen Gesetze für Zeit, Aspekte von Meetings, E-Mail, Kommunikation, Führung, Management, Prozesse, Risikomanagement und vielen weiteren Ihnen bekannten inhaltlichen Attributen auf den Kopf gestellt habe.

Wissen Sie, wie oft Thomas Edison probiert hat, eine Glühbirne tatsächlich zum Leuchten zu bringen? Es waren 10.008 Versuche. Hätte er sich selber das Ziel gesetzt es nur 10.000-mal zu probieren, würden wir heute im Dunkeln sitzen. Was ich damit sagen möchte ist, dass Sie dranbleiben müssen.

Nicht Wissen ist Macht, sondern Handeln ist Macht!! Wissen ist nur potenzielle Macht. Man ist nur dann klug, wenn man weiß, was man nicht weiß, denn wenn Sie wissen, was Sie nicht wissen, wissen Sie, was Sie tun müssen, um aus Ihrem Wissen ein Handeln abzuleiten.

Das Gleiche können Sie jedoch auch mit Ihrem Unterbewusstsein machen, um Ihr Leben positiver zu gestalten. Schreiben Sie alle Dinge auf, die Sie jemals machen wollten. Hängen Sie diesen Plan an einen Ort an dem Sie öfter am Tag vorbeikommen und den Zettel erblicken können. Dieses System nennt man *Affirmation*. Ziel ist es, die Dinge so oft in Ihr Unterbewusstsein zu rufen, dass Ihr Handeln von diesen Werten bestimmt wird. 90 % der täglichen Handlungen werden unbewusst durchgeführt, ein Beispiel dafür ist die morgendliche Routine inklusive Zähneputzen.

Aber warum erzähle ich Ihnen jetzt etwas über das Unterbewusstsein? Weil ich nicht nur möchte, dass Sie in Ihrem Job produktiv und erfolgreich werden, sondern in Ihrem gesamten Lebensbereich! Deswegen werden sich einzelne Kapitel auch über die Thematiken Ernährung, geistige und kognitive Weiterbildung, physische Fitness, Freunde und Familie sowie Partnerschaft beziehen.

Wir warten unser Leben lang darauf, Gehaltserhöhungen zu bekommen oder Jobs mit besseren Einkommensmöglichkeiten zu ergattern, nur um im Anschluss höhere Ausgaben zu tätigen, für Dinge, die wir gar nicht brauchen. Ein neues Auto, ein teureres Haus, höhere Fixkosten. Sind das Dinge, die Sie langfristig glücklich machen? Ihre Bedürfnisse steigen potenziell mit Ihrer höheren Kaufkraft an, Ihre Fixkosten steigen. Sollten Sie nun arbeitslos werden haben Sie sich hohe Fixkosten generiert, sodass Sie wieder einen Job brauchen, der ein gleiches Einkommen mit sich bringt, obwohl dies eventuell gar nicht die Position sein wird, die Sie mit Glück erfüllt.

Der Unterschied zwischen glücklichen und unglücklichen Menschen ist, dass diese wissen, was sie glücklich macht. Reiche und glückliche Menschen arbeiten, um zu lernen, arme und unglückliche Menschen lernen, um zu arbeiten.

Bei dem WM-Spiel Deutschland gegen Brasilien erinnert sich jeder an das Endergebnis 7 : 1, jedoch weiß nur die Hälfte noch das Zwischenergebnis. Wissen Sie, was in der Halbzeit passiert ist? Der Bundestrainer ging in die Kabine und sagte: »Jeder der gleich noch ein Tor schießt, wird nicht jubeln. Wir wollen gewinnen, aber nicht respektlos sein.« In der zweiten Halbzeit haben Sie keinen Spieler mehr gesehen, der sein Tor übermäßig gefeiert hat.

Das hatte zur Folge, dass die deutsche Nationalmannschaft in den brasilianischen Medien am nächsten Tag darauf nur mit positiven Kommentaren geschmückt wurde. Wir sammelten Empathie Punkte auf der ganzen Welt für unsere Demut.

Leider besteht unsere Gesellschaft immer noch aus dem Druck der Leistung. Diese wird nicht nur in Arbeitsproben anerkannt, sondern durch Abschlüsse und Zertifikate. Ein Doktortitel ist dabei das Maß aller Dinge. Wir leben in einem Arbeitsumfeld, in dem ein Mensch mit einem Doktortitel, der in seinem Leben jedoch noch nicht einmal gearbeitet hat, einem Mitmenschen bevorzugt wird, der eventuell nur seinen Bachelor gemacht hat, aber dafür erste Erfolge im Berufsleben vorweisen kann. Natürlich hat der Doktortitel eine gewisse Macht, dass Menschen Ihnen zuhören. Nicht ohne Grund haben von 512 Angeordneten im Bundestag 312 einen Doktortitel, auch wenn diese nicht immer genannt werden. Frau Merkel ist Dr. der Physik, Herr Gabriel in Rechtswissenschaften usw. Ein Doktortitel kann Türen öffnen, ist jedoch kein Garant und Must-have für Erfolg.

Egal ob arbeitslos, Top Manager, Unternehmer oder Selbständiger, jede Krise bieten Ihnen die Chance auf etwas Neues. Krise bedeutet im Chinesischen: Chance und Gefahr.

Warum ist eine Strategie für ihr Zeitmanagement so wichtig?

Eine der wichtigsten Unternehmeraufgaben ist die Entwicklung einer strategischen Planung. Strategie kommt aus dem Griechischen *strategos*, welches durch das deutsche Wort *der Heerführer* definiert werden kann. *Carl von Clausewitz* definierte die Strategie im 19. Jahrhundert so, dass es der gezielte Einsatz von knappen Ressourcen Bedarf, um ein vordefiniertes Ziel zu erreichen.

Albert Einstein schrieb einmal: »Wenn ein ungeheuerlicher Schreibtisch ein Sinnbild für den eigenen Geist ist, was ist dann ein Leerer?«

Vielleicht wissen Sie es nicht, aber ein Sachbuch verkauft sich durchschnittlich 2.500-mal. Ein minimaler Bruchteil von schätzungsweise 0,50 Euro erhält der Autor. Die investierte Zeit des Autors beträgt im Stundenlohn betrachtet einen deutlich unrentablen Wert. Warum ich dieses Buch trotzdem geschrieben habe, ist einfach erklärt: Ich habe zu viele Kolleginnen und Kollegen gesehen, wie sie Zeit nicht effektiv nutzen, Unternehmen sich im operativen Tagesgeschäft nicht die Zeit nehmen konnten, um standardisierte Prozesse zu optimieren und somit ihr eigenes organisches Unternehmenswachstum verhindern und aufgrund von eigenen Erfahrungen, wie es ist zwei Stunden täglich E-Mails zu beantworten.

Mit diesem Buch möchte ich Ihnen Zeit schenken. Nicht alle Maßnahmen werden zum Erfolg führen, nicht alle

Empfehlungen und Ideen können Sie in ihrer aktuellen Position realisieren, aber wenn nur die Hälfte davon zum gewünschten Erfolg führt, würde ich mich als Dank sehr darüber freuen, wenn Sie einen Teil der umgerechneten Zeit als monetären Wert an das Tierheim in Itzehoe spenden würden.

Wenn Sie Unternehmer sind und durch dieses Buch tausende von Arbeitsstunden pro Jahr einsparen können, freue ich mich sehr darüber, wenn Sie 10 % davon als umgerechneten monetären Euro Wert an das Projekt meines Herzens spenden können. Gleichzeitig freue ich mich natürlich über jeden Erfahrungsbericht meiner Leser an die **E-Mail tom.illauer@gmx.de**

Los geht's …

Sonntagmorgen: Der erste Tag ...

Es ist ein Sonntagmorgen, 9:00 Uhr und ich sitze bei strahlender Sonne draußen in einem Straßencafé, trinke meinen Café Latte und lasse meine Gedanken Revue passieren und frage mich, ob der heutige Tag mein Leben verändern wird? Vor knapp drei Wochen passierte es. Ich konnte nicht mehr! Aber was war passiert? Wie konnte es soweit kommen? Was ich noch weiß war, dass ich in einem örtlichen Krankenhaus mit tausenden von Geräten an mir angeschlossen benommen aufgewacht bin. Als ich den Arzt fragte, wo ich sei, antwortete er, dass ich einen Nervenzusammenbruch erlitten habe. Meine Exfrau saß weinend mit meinen zwei Kindern am Krankenbett und ich verstand die Welt nicht mehr. Ich, der super Unternehmer, der bis dato dachte jegliche Bestandteile im Leben im Griff zu haben.

Die Ärzte teilten mir mit, dass mein Körper unter dem Stress monatelanger Unternehmertätigkeit versagt hätte. Ich arbeitete 60 Stunden die Woche, ernährte mich katastrophal, trank Unmengen an Alkohol und rauchte so viele Zigaretten, dass ich im Stress teilweise zwei gleichzeitig in der Hand hatte.

Der Arzt verschrieb mir elementare Ruhe, ein Arbeitsverbot und riet mir mein Unternehmen zu verkaufen. Mein Baby verkaufen? Das kam für mich nicht infrage!

Wie der Zufall es wollte, besuchte mich ebenfalls mein Unternehmerfreund Sebastian Scheidel. Nachdem ich ihm die Gesamtsituation noch am Krankenbett geschildert hatte, ging er zu seiner Lederjacke, zückte sein Portmonee und zog eine Visitenkarte heraus.

Er ging auf mich zu, reichte mir diese und sagte: »Michael, ruf diesen Mann an, er wird dein Leben genauso positiv verändern, wie er meins verändert hat.«

Tage später, es war ein typischer Samstagmittag. Ich saß auf dem Sofa, guckte Bundesliga und trank meine 23 Dosenbier. Als ich mein Feuerzeug suchte, um meine Zigarette anzuzünden, zog ich mit dem Feuerzeug gleichzeitig die Visitenkarte von meinem Kumpel Sebastian heraus. Als ich mich mit beiden Utensilien wieder auf das Sofa begab, meine Zigarette anzündete und die Visitenkarte betrachtete, bekam ich einen kalten Schauer über mein Rücken. Ich machte genauso weiter wie vorher.

So konnte es nicht mehr weitergehen. Auf der Visitenkarte stand: Thomas Thöle und eine Handynummer. Kein Titel, keine Werbung für die Person, keine Reputation und keine Internetadresse. Man sah mir die Skepsis förmlich ins Gesicht geschrieben. Doch was hatte ich zu verlieren? Ich wählte die Nummer, es klingelte zweimal und eine sehr maskuline Stimme meldete sich am anderen Ende: »Hallo, mein Name ist Thomas, mit wem spreche ich und was kann ich für dich tun?«

Also erwiderte ich: »Hallo, mein Name ist Michael Maßberg, ich habe die Visitenkarte von meinem Freund Sebastian Scheidel erhalten. Er sagte mir, Sie können mir helfen.« Wenn ich an diesen Tag zurückdenke, muss ich mich immer an diese eine Antwort von Thomas Thöle erinnern:

»Michael, ich hoffe, es ist Ordnung, wenn wir uns duzen, denn das ist die Basis, wenn wir zukünftig zusammenarbeiten werden. Meine Assistentin wird dir Ort und Zeit nennen und ab diesem Tag werden wir dein Leben ändern.«

Mein Schock saß tief, daher fragte ich noch mal: »OK Thomas, aber woher soll ich wissen, ob ich dich bezahlen kann und ob du mir überhaupt helfen kannst? Es war still, Schweigen, eine Minute pures Schweigen. Thomas sagte: »Michael, du hast die Karte von einem Freund bekommen. Dieser hat mich empfohlen, d.h. dass er sehr gut einschätzen kann, ob auch ich dir helfen kann. Wie du weißt und gesehen hast, mache ich keine Werbung, der Grund dafür ist banal. Du bist einer Empfehlung gefolgt eine dir unbekannte Person anzurufen, um ihn zu bitten, dein Leben positiv zu verändern. Das zeigt mir, dass es dir ernst ist, dass du im Unterbewusstsein etwas ändern möchtest und ins Handeln kommen möchtest. Über die Bezahlung mache dir keine Sorgen. Natürlich muss auch ich meinen Lebensstil finanzieren, aber das mache ich erst, wenn ich dir geholfen habe. Mein Tagesbudget beträgt 3.000 Euro zuzüglich einer variablen Vergütung. Das Tagesbudget dient dazu, nur Klienten anzuziehen, die es geschafft haben als Unternehmer und Manager ein erfolgreiches Geschäftsmodell aufzubauen, kausal zukünftige Rahmenbedingungen auch beeinflussen können. Die variable Vergütung besteht aus zwei Faktoren. Nachdem wir alle Handlungsaktivitäten erfolgreich in deinem Unternehmen und in deinem Privatleben integriert haben, messen wir nach einem Jahr die Produktivität und Kostenersparnis. 10 % dieser Kostenersparnis sind meine Vergütung. Damit zeige ich dir, dass ich ein Jahr lang, solange wird das Coaching dauern, in Vorleistung gehen werde. 5 % davon ist der Schadensersatz für meine Person, weil ich in der Zeit mein Privatleben für dein Leben substituiere. Die anderen 5 % wirst du an eine gemeinnützige Organisation in einem Radius von 10 km um dein Unternehmen spenden.«

Ich war sprachlos. Wer war dieser Typ? Ich wusste noch gar nichts von ihm. Doch ich sagte zu …

Als ich meinen Café Latte ausgetrunken hatte, packte ich meine Sachen zusammen und ging in das vereinbarte Hotel. Ich erkundigte mich nach dem Seminarraum, zog meine Jacke aus, setzte mich an den Konferenztisch und wartete. Punkt 10:00 Uhr zur verabredeten Zeit ging die Tür auf. Ein junger, strahlender, braun gebrannter, muskulöser und imposanter Mann trat in den Raum. Er trug eine graue Anzughose, ein weißes enges T-Shirt mit V-Ausschnitt, darüber ein Sakko. Auf seinem Arm, seiner Hand und am Hals befanden sich großflächige Tattoos. Wer war dieser Typ? Er ging direkt auf mich zu, die Hand die ich ihm entgegenstreckte ignorierte er und umarmte mich. »Hallo Michael, schön dich endlich kennenzulernen. Wollen wir direkt starten? Komm, lass uns nicht an diesen Konferenztisch setzen, sondern auf diese gemütlichen Stühle.« Er zeigte auf zwei bequeme Ledersessel, welche zum Fenster mit grünen Ausblick auf den Garten ausgerichtet waren.

Als wir uns setzten fragte Thomas nach den Engpässen in meinem Leben. Ich schilderte ihm die Geschehnisse der letzten zwölf Monate und brach dabei in Tränen aus. »Ich möchte, dass du dich zukünftig immer an diesen einen Moment erinnern wirst. Was ich möchte ist, dass du jetzt zehn Minuten lang aufschreibst was du zukünftig ändern willst.« Als er mir das Blatt Papier reichte wurde mir ganz übel. Mir wurde schlagartig bewusst, dass es nach zehn Minuten Einstieg direkt ins Eingemachte geht. Die Liste füllte sich schnell mit mehreren Attributen:

Kein Privatleben, Diabetes, 60 Stunden Arbeitswoche und fehlendes Selbstbewusstsein. Als Thomas die Liste prüfte, schaute er mich fragend an und sagte: »Da fehlt etwas.« Was meinte er? Thomas ergänzte die Liste um:

Fett, keine Freundin, kein Sexualleben, zu wenig Zeit mit den Kindern, Selbstwertgefühl ist an dem unternehmerischen Erfolg geknüpft, fehlende Aktivitäten mit Freunden und keine kognitive Weiterbildung.

Ich war schockiert. War es das, wovon ich als Kind geträumt habe? Ich wollte doch nur ein erfolgreicher Unternehmer werden. »Weißt du Michael, diese Liste werden wir nach einem Jahr brauchen, um zu sehen, wie sich dein Leben verändert hat. Aber nun konzentrieren wir uns aufs Machen. Kennst du den Unterschied zwischen Unternehmer, Manager und Fachkraft?« Ich schüttelte fragwürdig den Kopf.

Unternehmer, Manager oder Fachkraft?

Thomas erzählte: »Im Jahr 1982 entwickelte ein britischer Ökonom erstmals das Modell der Unternehmer-Aufgaben. Im Jahr 2001 wurde dieses Modell von *John Kotter* modifiziert. Aber was sind die Aufgaben der jeweiligen Positionen oder handelt es sich um eine Person mit drei verschiedenen Aufgaben?

Stell Dir vor, dass du dich mit einem Team durch den Urwald kämpfen musst. Die Fachkraft ist die Person, die mithilfe einer Machete den Weg freikämpft. Der Manager ist der Leiter der Fachkräfte und kümmert sich darum, dass die

Personen an vorderster Front mit der Machete durchgehend ausgetauscht werden und sich die anderen in dieser Zeit erholen und stärken können. Der Unternehmer klettert alle 100 Meter auf einen Baum und gibt die Richtung vor.

Um sich zukünftig nur noch um Unternehmeraufgaben kümmern zu können, musst du eine Liste anfertigen mit allen Aufgaben, die du aktuell bearbeitest. Nutze dabei gerne deinen Kalender und schaue dir das letzte Quartal an. Nun schreibst du alle Aufgaben auf, notierst dahinter den Zeitaufwand pro Woche und schreibst wiederum dahinter einen der folgende Buchstaben MUF (Manager-Unternehmer-Fachkraft). Nun rechnest du die Zeit zusammen, die du dafür benötigt hast, die nach dem jetzigen Modell keine Unternehmeraufgaben sind. Würde für diese Aufgabe eine Woche ausreichen?«

Ich war einverstanden. So verabschiedeten wir uns, bis wir uns eine Woche später erneut im gleichen Hotel trafen. Nachdem wir uns kurz begrüßt haben, nahm Thomas sich die Liste und prüfte diese kritisch.

»So so, genau wie immer, genauso wie ich es erwartet habe. Du verbringst 20 Stunden die Woche mit Meetings, 13 Stunden mit Fachkraftaufgaben, sechs Stunden um die Engpässe anderer zu lösen, zu wenig Zeit mit deinen Unternehmeraufgaben und Pausen sehe ich hier gar nicht«, fasste Thomas zusammen. Schockiert bekam ich kein Wort heraus. »Aber was soll ich denn nun ändern? Die Mitarbeiter haben keine Zeit meine Aufgaben zu übernehmen, die sind selbst überlastet und brauchen mich.«

Thomas war still, überlegte und sagte: »Michael, wir werden jeden Engpass lösen, vertrau mir! Als Erstes müssen wir alle Aufgaben definieren, die von Fachkräften übernommen werden sollen. Hierfür wird es notwendig sein, als nächste Hausaufgabe Ablaufpläne, Arbeitsanweisungen, Kompetenzen, Checklisten und Prozesse zu definieren. Dies wird dir ermöglichen, diese Aufgaben mit der gleichen Qualität an eine Fachkraft abzugeben. „

»Aber was soll ich denn dann tun?«, fragte ich erstaunt?

»Michael, du kümmerst dich nur noch um diese neun Aufgaben des Unternehmers, sobald die Aufgaben an jemanden anderen abgegeben wurden. Ich werde dir zeigen, wie alle deine Mitarbeiter ebenfalls von unserem Coaching profitieren werden. Die neun Aufgaben des Unternehmers sind:

Die Aufgaben des Unternehmers:

1. Vision des Unternehmens,
2. Strategie und Positionierung,
3. externe Energie und Wachstum,
4. permanente Müllentsorgung und Outsourcing,
5. Umsetzung,
6. Entwicklung der eigenen Person,
7. Unternehmensübergabe,
8. Geschäftsentwicklung sowie
9. Produktinnovation und Zielgruppen Analyse.

Nun werden deine Mitarbeiter nicht klatschend deine Aufgaben übernehmen wollen. Mir ist bewusst, dass diese selber am Rande der eigenen Kapazität arbeiten. Daher sieht eine zweite Hausaufgabe so aus, dass du eine öffentliche Veranstaltung für alle Mitarbeiter des Unternehmens durchführst. Diese ist Pflicht.

Du teilst deinen Mitarbeitern mit, dass dir bewusst ist, dass diese am Rande ihrer Kräfte arbeiten, dass das Unternehmen zwar sukzessiv gesund wächst, jedoch jeder bestimmt schon vom Flurfunk gehört hat, dass es dir gesundheitlich suboptimal geht. Du verkündest, dass sich ab jetzt alles positiv ändern wird und dass du die Unterstützung deiner Mitarbeiter dafür brauchst. Jeder Mitarbeiter soll eine Woche lang seine Aufgaben protokollieren.

Dies dient nicht der Kontrolle, sondern wir werden ineffiziente Prozesse und nicht relevante Aufgaben eliminieren. Die Mitarbeiter sollen nicht nur die Aufgaben protokollieren, sondern auch die Zeiten dafür. Jeder Mitarbeiter darf zusätzlich drei Vorschläge machen, wie er die gelisteten Aufgaben optimieren würde. Diese Vorschläge würden in den nächsten Gehaltsverhandlungen positiven Einfluss nehmen. Jeder deiner Mitarbeiter wird begeistert sein. Wichtig dabei ist, dass jeder nur Sofortmaßnahmen nennen darf. Jeder Vorschlag muss das Verhältnis von Kosten zu Nutzen zu Aufwand beinhalten. Weiterhin ernennst du einen deiner fähigsten Mitarbeiter vor allen anderen Kolleginnen und Kollegen zum Risiko-, Kosten- und Prozessleiter.

Dieser wird die nächsten Wochen nichts Anderes tun, außer die Listen zusammenzufassen. Wir werden einen neuen Termin vereinbaren, sobald du die Hausaufgaben erledigt hast.«

„Thomas, bevor du gehst, habe ich noch eine Frage: Erkläre mir bitte noch mal, was der Unterschied zwischen Manager und Unternehmer ist?«

»Der Unterschied ist ganz simpel. Stell dir vor, der Arzt sagt zu dir, dass du nur noch ein Jahr leben wirst. Für welche Aufgaben möchtest du zukünftig noch genug Zeit haben, was musst du organisieren? Diese Dinge schreibst du auf eine Liste.

Nun nehmen wir hypothetisch an, dass sich dein Krankheitszustand verschlimmert und deine Lebenszeit sich auf sechs Monate reduziert. Welche Aufgaben möchtest du zukünftig erledigen und was musst du organisieren? Nun hast du die Antwort auf das, womit du dich ausschließlich als Unternehmer auseinandersetzen solltest.

Die Fachkraft-Aufgaben kann ich leicht an andere übergeben, aber wem gebe ich die bisherigen Manageraufgaben? Der Unternehmer arbeitet am Unternehmen, der Manager im Unternehmen. Der Unternehmer ist ausschließlich mit der Entwicklung beschäftigt und kümmert sich um das Networking. Den gesamten Rest verantwortet der Manager. Und falls du jetzt erwiderst, dass du keinen Manager hast, dann werden wir dir nach Vollendung aller Maßnahmen einem passenden suchen.

Und falls du jetzt sagen möchtest, dass du dafür kein Geld hast, dann liegt die Lösung auch schon parat: Der Manager muss sich sein Gehalt selber refinanzieren und Vorschläge machen, nachdem er ein zweiwöchiges Praktikum innerhalb des Unternehmens gemacht hat und die Bilanz von dir ausgewertet hat. Aber gerne erkläre ich den Unterschied noch mal detailliert. Der Unternehmer kümmert sich um die zukünftigen Kunden, der Manager um die bisherigen Kunden. Der Unternehmer kümmert sich um die Strategie und um die Lösung von Kundenbedürfnissen, der Manager dagegen um die Organisation, die Motivation und die Erreichung der strategischen Ziele durch Nutzung realer Kapazitäten. Der Unternehmer erkennt neue Chancen, der Manager koordiniert die Aufgaben. Der Unternehmer schafft Rahmenbedingungen, der Manager schafft die dafür notwendigen Prozesse. Der Unternehmer legt Prinzipien fest, der Manager kontrolliert diese. Der Unternehmer behält immer die Weitsicht, der Manager schaut auf die kurze Distanz. Ich freue mich auf deinen Anruf.«

Extratipp

Kleider machen Leute. Für mich haben Anzüge nichts in einem Unternehmen zu suchen, gleichwohl unterstreicht eine gewisse äußerliche Erscheinung den Glaubwürdigkeitsindikator. Daher empfehle ich allen Klienten sich für die Position zu kleiden, die man erreichen will und nicht für die Position, die man aktuell innehat. Was immer geht ist eine einfache Anzugs- oder Stoffhose mit einem weißen oder schwarzen Hemd.

Mehr Zeit für alle: Die Aufräumaktion

Vier Wochen ist es nun her, als mir Thomas die zwei Aufgaben übertragen hatte. Es ist ein Mittwochabend, ich sitze in einem italienischen Restaurant und um 19 Uhr tauchte Thomas pünktlich zur vereinbarten Zeit auf. Ich bestellte mir ein Bier und eine Pizza, Thomas Hähnchenbrust und ein Wasser. Thomas fragte mich gleich ganz direkt wie die Ergebnisse aussehen.

»Du Thomas, als allererstes war ich total überrascht, wie positiv die Belegschaft auf das Verfahren reagiert hat. Das hatte ich ganz und gar nicht erwartet. Die Mitarbeiter waren Feuer und Flamme und Sabine, meine Assistentin, kam schon nach drei Wochen mit den Ergebnissen zu mir nach Hause gefahren. Sie stürmte in mein Wohnzimmer und konnte sich kaum bremsen.« Ich fragte sie, was los sei, und sie sprudelte hervor:

»Michael, du bist ein Genie. 79 % aller Mitarbeiter haben eine Woche lang alle Tätigkeiten detailliert mit Zeitaufwand protokolliert. Beim Auswerten kamen immer neue Punkte dazu, bei denen man den Kopf schütteln musste. Wir verbringen 39 % unserer Zeit mit interner Kommunikation, für Nachfragen, Meetings und der Reklamation von Kunden.

So richtig spannend wurde es aber erst, als wir feststellten, wie die Prozesse miteinander zusammenhängen und wie wenig wir standardisierte Geschäfte automatisiert haben. Ich habe aus allen Bögen eine Liste mit 20 Inhalten zusammengefasst, die wir jetzt sukzessiv abarbeiten werden. Indem wir jeden Prozess genauestens mit Zeitintervall protokolliert haben, konnten wir extrem schnell in effiziente Prozesse deklarieren.

Die Post wurde beispielsweise morgens von drei Vollzeitkräften mit einem Brieföffner geöffnet. Bei drei Vollzeitkräften mit jeweils 30 Minuten täglicher Postbearbeitung und einem Stundenlohn von durchschnittlich 20 Euro ergeben sich im Jahr ein Arbeitsaufwand von 7.200 Euro. Hier haben wir sofort eine Maschine zur Brieföffnung gekauft, die wir gebraucht auf eBay für 800 Euro ersteigen konnten.

Weiterhin haben wir festgestellt, dass der Innendienst primär damit beschäftigt ist, die Angebote für den Außendienst zu verfassen. Der Engpass liegt anscheinend darin, dass die Außendienstler nach dem Kundentermin im Innendienst anrufen, um Angebote schreiben zu lassen. Sobald mehrere Außendienstler gleichzeitig anrufen, entstehen Peaks und die Kapazitäten stoßen an ihre Grenzen. Nun haben wir eine kurzfristige und mittelfristige Lösung erarbeitet. Mittelfristig erhalten alle Außendienstler ein Tablett mit dem ERP-System und können die Aufträge im Auto nach dem Kundentermin eigenständig eintragen.

Kurzfristig erhalten alle Außendienstler ein Diktiergerät mit E-Mail-Funktion, sodass sie die Aufträge im Auto einsprechen können. Nun kann der Innendienst sich die Nachrichten hintereinander anhören, ohne das asynchrone telefonische hohe Anrufvolumen entstehen. Der Außendienst muss nicht mehr im Auto warten, bis der

Innendienst ans Telefon geht, kann somit schneller zum nächsten Termin fahren und schafft somit mehr Kundentermine pro Stunde.

Wir haben auch festgestellt, dass wir viele Dinge automatisieren können. Zum Beispiel können wir Kundenaufträge mit einem externen Büro einscannen lassen, sodass uns diese Firma die Aufträge direkt in das ERP-System einspielt, wir somit nicht mehr manuell Daten von A nach B übertragen müssen.

Auch im Lager ergaben sich Effizienten. Da alle Fahrer gleichzeitig um 8 Uhr mit der Arbeit beginnen, ergab sich jahrelang ein PKW Tetris im Innenhof. Die Fahrer luden bisher die eigene Ware ins Fahrzeug und mussten ihr Auto hin- und herfahren bis sie das Gelände verlassen konnten. Nun haben wir zwei Disponenten eingestellt, die um 6 Uhr morgens anfangen. Die Fahrer haben nun Zeit-Slots von 7:30 Uhr bis 8:15 Uhr von jeweils 10 Minuten. Die Disponenten packen ab 6 Uhr morgens die Ware für die Fahrer nach der chronologischen Abholreihenfolge und die Fahrer kommen im 10-Minuten-Intervall, um die Ware störungsfrei abzuholen. So spart jeder Fahrer morgens 30 Minuten beim Einladen und schafft kausal mehr Auslieferung pro Stunde.

Die wichtigste Erkenntnis war jedoch, dass wir festgestellt haben, dass viele Prozesse miteinander zusammenhängen, wir Nachfrage bündeln, Synergien bilden und Berichte eliminieren können. Unser Platzproblem haben wir gelöst. Wir haben festgestellt, dass 21 % unserer Arbeitnehmer halbtags arbeiten. Diejenigen, die weniger als 15 Stunden die Woche arbeiten, erhalten keinen persönlichen Schreibtisch mehr und teilen sich diesen zukünftig. So konnten wir drei

Büroräumlichkeiten in der Miete kündigen. Berichte, die vom Controlling stundenlang erstellt wurden, werden von anderen Abteilung nicht mal gesichtet. Diese Berichte haben wir sofort eliminiert. In Summe: Ein Riesenerfolg.«

Als ich Thomas diese Geschichte erzählte, sprang er in die Luft, die anderen Restaurantkunden erschreckten sich und starrten uns an. Man sah Thomas Augen richtig strahlen.

»Super Michael, das ist der erste Schritt, um eure Prozesse Schritt für Schritt zu optimieren, damit ihr euer Unternehmen gesund wachsen lassen könnt. Weißt du, der große Engpass ist selten die mangelnde Nachfrage, sondern das proportionale Wachstum. Sobald Abteilungsleiter die Kompetenz bekommen, Personal eigenständig einzustellen passiert immer das Gleiche. Der Abteilungsleiter sieht, dass die Nachfrage größer ist als die Kapazität seiner Abteilung.

Wir Menschen sind geprägt, den geringsten Widerstand zu gehen. Daher hat der Abteilungsleiter zwei Optionen. Er könnte sich mit dem Modell von Ursache und Symptom auseinandersetzen, die Ursache identifizieren, um dem Prozess langfristig zu optimieren oder er löst den Engpass des Symptoms und stellt eine Person ein, die sich um die Aufgaben kümmert. Da der Abteilungsleiter täglich im operativen Tagesgeschäft und am Schreibtisch ausschließlich mit der Abarbeitung von Nachfrage beschäftigt ist, kann er sich kausal nicht mehr um die wichtigen Aufgaben der Optimierung von Prozessen widmen.

Die Maßnahme der Optimierung werdet ihr nun jährlich im Januar von Jahr zu Jahr neu durchführen. Jedes Jahr werden alle Mitarbeiter ihre Prozesse und Zeiten dokumentieren, ihr werdet diese auswerten, ihr werdet Synergien bilden, in effiziente Aufgaben eliminieren oder outsourcen und den Fokus auf alle Faktoren lenken, die entweder unmittelbar Umsatz erwirtschaften oder der Regulatorik dienen.«

Das dreifache Pareto-Gesetz:

Thomas spricht weiter: »Nun möchte ich dir gerne noch das Pareto-Gesetz näherbringen. Denn dies wird deine nächste Hausaufgabe sein. Das Gesetz besagt, dass 20 % Input für 80 % Output verantwortlich sind. Im Unternehmen könnte dies bedeuten, dass 20 % deiner Kunden für 80 % aller Umsätze verantwortlich sind. Dass 20 % deiner Mitarbeiter für 80 % der Leistung verantwortlich sind. Dass 20 % der Kostenstellen für 80 % der Aufwendungen verantwortlich sind.

Vilfredo Pareto (1848–1923) entwickelte dieses Prinzip, als er die Ernte seines Gartens auswertete. Er untersuchte seine Hypothese mithilfe von vielen Annahmen, die das Prinzip immer wieder bestätigen. So befindet sich 80 % des Bodens weltweit in Händen von 20 % der Bevölkerung. Im Jahr 1980 wurde festgestellt, dass 20 % der Bevölkerung 82,7 % des Weltvermögens besitzen. Ich verschone dich nun mit den Begriffen Quantine, Theil-Index und a-Fraktile, mit dessen Hilfe man dieses Prinzip noch weiter mathematisch beweisen könnte.

Nun könntest du dieses Gesetz auf alle Kostenstellen und Abteilungen anwenden. Wir gehen jedoch einen Schritt weiter.

Wir nutzen das dreifache Pareto-Gesetz. So bilden wir das 80 zu 20 Verhältnis der 20 % Regelung. Nun sind wir wieder einen Schritt weiter und machen das gleiche noch mal. Daraus ergibt sich dann, dass ein Prozent für 51 % verantwortlich ist. Zum Beispiel sind ein Prozent deiner Kunden für 51 % deines Umsatzes verantwortlich.

Die Frage, die man sich danach stellen kann, ist, möchte man sich um die ein Prozent der Kunden kümmern, die für 51 % des Umsatzes verantwortlich sind oder um die 99 % deiner Kunden, die für 49 % seines Umsatzes verantwortlich sind?

Deine nächste Hausaufgabe wird es also sein, dass sich Sabine als deine Kosten-, Risiko- und Prozess-Managerin nun um das Pareto kümmert. In den nächsten vier Wochen wird Sabine in jeder Abteilung hospitieren und sogenannte Kunden-Avatare bilden. Sie wird mithilfe des Controllings analysieren, wie der idealtypische Kunde für die einzelnen Produkte aussieht und wie das dreifache Pareto-Gesetz für jede Abteilung aussehen muss, um den größtmöglichen Nutzen für das Unternehmen zu erzielen. Als Nächstes wird Sabine sich ebenfalls mit dem dreifachen Pareto mit euren Kosten auseinandersetzen. Und wir beide hören uns in vier Wochen wieder.«

Nun sind wieder zwei Wochen vergangen, nachdem Thomas und ich das letzte Mal miteinander gesprochen haben, zwei Wochen vor unserem eigentlichen nächsten Treffen. Ich nehme den Hörer und wähle die Nummer von der Visitenkarte: „Michael hier, was liegt denn an mein Freund?", fragte Thomas am anderen Ende der Leitung. »Hallo Thomas, ich brauche deine Hilfe. Es ist nun acht Wochen her, nachdem wir uns das erste Mal getroffen haben und mein E-Mail- und Aufgabenvolumen sind genauso hoch wie auch schon vor acht Wochen. Ich habe das Gefühl, ich komme nicht voran. Ich weiß nicht, ob das Coaching noch das Richtige für mich ist.«

Als ich dies ausgesprochen hatte, fragte ich mich wirklich, ob dies der richtige Weg für mich ist. Stille. Nach ca. einer halben Minute antwortete Thomas: »Ich verstehe dich! Fast jedem meiner Klienten geht es so. Doch dir muss eins bewusst sein: Wir müssen die Rahmenbedingungen schaffen, damit wir erst dein Unternehmen in den Griff bekommen, danach dein Privatleben. Wir haben in den ersten acht Wochen gemeinsam erörtert, welche Aufgaben du zukünftig ausführen sollst, wir haben festgestellt, welche Engpässe es in deinem Leben gibt, haben festgestellt, welche Ineffizienzen in deinem Unternehmen herrschen und müssen diese erst beseitigen.

Indem wir dein Unternehmen innerhalb der Prozesse optimieren, standardisierte Aufgaben outsourcen, nicht wichtige und nicht dringende Aufgaben eliminieren, werden deine Mitarbeiter mehr Spaß bei der Realisierung deiner Ziele haben und mit Fokus daran arbeiten. Damit du deine Fachkraft-Aufgaben abgeben kannst, müssen wir dein Unternehmen so entschlacken, dass eine geeignete Person innerhalb deines Organigramms diese überhaupt übernehmen kann. Damit du überhaupt Dinge outsourcen kannst, hat Sabine noch die Aufgabe der Kosten, des Risikos und des Paretos. Diese Kostenstellen sowie dein Marketing werden wir also so positionieren, dass deine Kostenersparnisse das Abgeben an Dritte erst ermöglicht. Bist du damit einverstanden?«

Zwei Wochen nach unserem Telefontermin haben wir uns heute in meinem Unternehmen verabredet. Punkt 9 Uhr tritt Thomas in den Konferenzsaal meiner Firma, er trägt ein schwarzes Marken-Polohemd, enge Jeans, Lackschuhe und begrüßt mich wie immer freundlich mit einer authentischen Umarmung. »Erzähl mir mehr Michael, was sind deine Ergebnisse? Hast du einen Kaffee für mich?«

Dieser Typ schafft es immer direkt auf den Punkt zu kommen. Er ist kein großer Fan von Smalltalk, er ist halt ein Zeitmanagement-Coach, der sich auf das Wesentliche konzentriert. »Thomas, du kannst es dir nicht vorstellen, die Ergebnisse sind der Wahnsinn. Nun als allererstes hatte sich Sabine die Kostenstellen angeschaut. Dabei unterstützte ich sie. Wir haben uns unsere Bilanz, die GUV und die BWA genommen, diese analysiert und sind jeden Kostenfaktor durchgegangen.

Wir mussten leider mit Schrecken feststellen wie viel Einsparpotenzial wir haben. Zum einen haben wir bisher alle unsere 30 Fahrzeuge per Kredit finanziert. Eine Beratung haben wir dafür in Anspruch genommen und ein Experte hat uns geraten auf Leasing umzusteigen. Dadurch sparen wir jährlich 36.000 Euro. Zum anderen haben wir so viele kleine

Einsparmöglichkeiten ersichtlich gemacht, die sich in der Summe auf 100.000 Euro zusammenzählen lassen. So haben wir günstigeres Putzmittel bestellt, die Mitarbeiter wurden angewiesen, außerhalb der Arbeitszeit und nur noch spät abends zu tanken, bei der Miete haben wir einen sogenannten Sales-Leasing-Back-Vertrag abgeschlossen, die Abschreibung innerhalb des Unternehmens optimiert, unser Marketing auf die wesentlichen Merkmale ausgerichtet und tatsächlichen Unsinn komplett gestrichen. Das ist Wahnsinn. Damit hätte ich niemals gerechnet.

Auch das Pareto-Gesetz hat uns extrem weitergeholfen. So haben wir beispielsweise festgestellt, dass unsere beste Küche, nachdem wir unsere Bestandsdaten ausführlich analysiert haben, ausschließlich von Singles gekauft werden, die ein Budget, respektive eine Kaufkraft von mehr als 4.000 Euro netto haben. Wir haben uns beim Bewerben unserer besten Küche auf die völlig falsche Zielgruppe fokussiert. Unsere psychografische Zielgruppe legt extrem viel Wert auf Qualität, Reputation und ein schwarz-weißes Design. Wir haben viel zu viel Geld bei der Werbung durch Streuverluste ausgegeben. Aber eins habe ich nicht verstanden: Was hätten wir bei dem Punkt Risiko machen sollen?«

Risikomanagement > Chancenmanagement:

»Es ist so«, sagte Thomas. »Vielleicht habe ich die Aufgabe nicht detailliert genug gestellt. Wir wollen, dass dein Unternehmen jedes Jahr sukzessiv organisch wachsen kann. Wir haben sichergestellt, dass unsere systemische Lösung jedes Jahr die Prozesse so optimiert, dass diese weiter mitwachsen können, ohne zu viel Humankapital einzustellen.

Wir wollen jedoch nicht, dass unvorhergesehene Geschehnisse uns den Fokus für das Wachstum rauben. Beim Thema Risiko ist es so. Neben deinen Unternehmeraufgaben ist es nun jährlich dein Ziel, alle Mitarbeiter die Prozesse überprüfen zu lassen, die Kosten zu überprüfen und das Risikomanagement zu reduzieren. In den seltensten Fällen habe ich bisher einen Risikomanager in einem mittelständischen Unternehmen gesehen.

Für mich ist diese Stelle essenziell. Der Risikomanager besucht jede Abteilung und lässt sich pro Abteilung, pro Mitarbeiter und pro Prozess die drei größten Risikofaktoren schildern. Nachdem er alle Risikofaktoren deines Unternehmens zusammengefasst hat, gehen wir wie bei den Prozessen damit um und machen eine Gesamtliste. Ziel ist es, nun für jeden Aspekt auf dieser Liste einen Alternativplan zu entwickeln. Gerne möchte ich ein paar Beispiele nennen.

Wenn der Risikomanager im Marketing merkt, dass 80 % aller Neukunden über die Suchmaschine Google eingekauft werden, so ist dies eine Abhängigkeit und somit ein Risikofaktor. Sollte Google seinen Algorithmus ändern, könnten deine Umsätze von einem auf den anderen Tag sinken. Die Maßnahme dagegen könnte nun sein, sekundäre Marketing-Kanäle zu erschließen oder besser den Kundenzugang langfristig eigenständig zu sichern.

Gibt es in der Buchhaltung nur eine Person die den Monats- und Jahresabschluss vollziehen kann, so ist dies ein personenbezogener Risikofaktor. Ziel muss es sein, noch eine weitere Person mit in diesem Prozess zu involvieren.

Extratipp:

Auch externe Rahmenbedingungen würde ich sukzessiv prüfen. Hier empfehle ich die PESTEL-Methode. Die Abkürzung steht für (politische, ökonomische, soziale, technologische, umweltbezogene und rechtliche Rahmenbedingungen).«

Fokussiertes Arbeiten: Deep Work

Thomas fährt fort: »Aber kommen wir jetzt endlich zu deinen ganz persönlichen Engpässen. Deine Fachkraftaufgaben wirst du an einen Dritten übergeben. Wie genau du das machst, werden wir in den folgenden Coachingstunden nach und nach erörtern. Schritt für Schritt werden wir anfangen deine Engpässe nun sukzessiv zu lösen. Bist du ready?«

Meine Antwort war klar und euphorisch: »Na klar, legen wir los«, sagte ich.

»Um zukünftig fokussiert arbeiten zu können«, sagte Thomas, »ist es wichtig, zu verstehen, wie unser Gehirn überhaupt funktioniert.

Ich glaube, dass jeder Mensch in der Lage ist, sich zu fokussieren und so das maximale aus seinem Gehirn herausholen kann. Ich glaube nicht, dass Multitasking funktioniert. Das sagen übrigens die meisten wissenschaftlichen Studien.

Eddy Hall ist amtierender Schwergewicht-Strongman und hält den Rekord im Gewichtheben. Er schaffte es als erster Mensch, 500 Kilo aus dem Kreuz zu heben. Wie er sich darauf vorbereitete? Natürlich essen solche Kraftsportler 10.000 kcal pro Tag, trainieren täglich sieben Stunden und regenerieren sich bestmöglich. Eddy Hall hatte aber eine Geheimwaffe. Und zwar einen Mentaltrainer. Er ließ sich die Konditionierung seines Gehirns beibringen. Der mentale Trainer und Eddie trainierten ein Jahr lang jede Woche fünf Stunden an dem sogenannten NLP. Dies steht für neurolinguistisches Programmieren. Dabei wird ein Gedanke so tief fixiert, dass er für die Person real wirkt.

Der Clou dabei ist, dass man bei diesem Gedanken eine Aktivität durchführt, sodass irgendwann diese eine Aktivität dazu führt, diesen einen Gedankengang herbeizuführen. Das Gehirn wurde konditioniert. Eddy stellte sich vor, wie seine Kinder schreiend unter einem Auto eingeklemmt sind und die einzige Möglichkeit sie zu retten, darin bestünde, das Auto von ihnen herunterzuheben. Bei diesem Gedankengang drückte er immer wieder seinen Unterarm fest. Nun beim Weltrekord machte er genau dies. Auf der längeren Version bei YouTube sieht man, wie er seinen Unterarm lange drückt. Er stellte sich alles bildlich vor, es wurde durch diese Gedankenkraft Adrenalin ausgeschüttet und Eddy schaffte den Weltrekord.

Als Steve Jobs zurück zu Apple ging, nachdem er ein Jahr vorher hinausgeworfen wurde, fokussierte er sich auf die wesentlichen Produkte. Er reduzierte konsequent die 330 laufenden Produkte auf lediglich zehn. Der Erfolg gab ihm recht.

Was hier im Gehirn passiert, nennt sich Bildung von Myelin. Professor Leroy stellte dazu vor einigen Jahren eine Studie vor. Dabei ergab sich, dass sich Myelin um die Synapsen bildet, die dauerhaft und regelmäßig in Anspruch genommen werden. Das periphere Nervensystem wird somit von Schwann-Zellen umgeben. Was hat das nun mit dem Fokus zu tun? Es verringert die elektrische Kapazität der Nervenzellmembran und erhöht den elektrischen Widerstand. Das Abwandern der elektrischen Erregung aus dem Axon in die Umgebung wird somit verhindert. Dadurch kann sich die Übertragungsgeschwindigkeit der Nervenfasern signifikant steigern. Diese neuen Nervenzellen zeigen eine saltatorische Erregungsleitung, die eine zeitnahe Impulsübertragung auch über längere Strecken gewährleistet. Kurz und knapp: ihre Rechenleistung nimmt in bestimmten Aufgaben zu.

Fokus ist deswegen so wichtig, weil wir in einer Aufmerksamkeitsgesellschaft leben. Soziale Netzwerke, Werbung und Menschen wollen deine Aufmerksamkeit stehlen. Und dies wollen wir verhindern.

In der Studie ›*The secret live of building office*‹ wird von fragmentierter Aufmerksamkeit gesprochen. Diese entsteht, wenn wir eine Aufgabe A nicht zu 100 % abgeschlossen haben und uns auf Aufgabe B konzentrieren. Es wurde festgestellt, dass ich Aufgabe B nur zu 80 % so produktiv abarbeiten kann, wie Aufgabe A, wenn Aufgabe A nicht zu 100 % abgeschlossen wurde. Dies zeigt uns, wie wichtig fokussierte Konzentration und die richtige Struktur für Zeitmanagement sind. Praktische Tipps werden hinterher noch besprechen. Als allererstes ist mir wichtig, dass du deine Aufmerksamkeit auf die Dinge richtest, die du jetzt gerade bearbeiten willst. Wir starten, in dem wir festlegen, dass dein Schreibtisch nie mit Unterlagen überfüllt sein darf, jede Woche geputzt wird, du dir Pflanzen, eine helle Beleuchtung und geräuschreduzierende Kopfhörer zulegst.

Wichtig ist mir auch, dass du dich zukünftig immer nur noch auf drei laufende Projekte konzentriert. Häufig kommen uns eine Vielzahl an kreativen Ideen, während wir gerade Autofahren oder Spazierengehen. Wir sind hungrig auf diese Idee und wollen diese so schnell wie möglich umsetzen. Oft vergessen wir dabei den Blick für die wirklich wichtigen oder relevanten Themen.

Daher verfolge ich einen Ansatz von *Alex Düsseldorf Fischer*. Dieser hat eine Liste mit neuen Projekten und Ideen, welche er irgendwann umsetzen möchte. Ich kann dir immer nur raten bei neuen Geschäftsideen oder Produkten immer zwei Wochen zu warten und diese nach diesem Intervall rational neu zu beurteilen. Hat sich die Euphorie in der Umsetzung noch nicht gemindert, so hat diese Idee Potenzial.
Es gibt zwei Regeln: Regel eins lautet, dass man immer nur aktiv an drei Ideen arbeitet. Regel zwei lautet, dass man nur an einer neuen Idee arbeitet, wenn eines der drei Projekte abgeschlossen ist. Dies führt dazu, dass du dich priorisiert

auf die größte Chance konzentrierst, ohne den Fokus zu verlieren.

Aber genug des theoretischen Teils vom Fokus. Lass uns ein paar Maßnahmen festlegen, die du sofort in deinem Unternehmen umsetzen kannst.«

Meetings: Der Zeitfresser Nr. 1 in Unternehmen

»Anhand deiner Liste Michael, haben wir gesehen das einer deiner größten Zeiträuber die Meetings sind. Wahrscheinlich spreche ich jedem Arbeitnehmer, Manager und Unternehmer aus der Seele. Jede Woche sieben Meetings, zweiwöchentliche Fixtermine beim Abteilungsleiter, Meetings mit mehr als fünf Personen, ohne Ergebnis und Ziel. Gehen wir davon aus, dass dir pro Tag neun Stunden zur Verfügung stehen. Ich kann aus eigener Erfahrung sagen, wie deprimierend es ist, wenn davon drei Stunden täglich für Meetings verplant werden.

Zu oft habe ich im Nachhinein darüber nachgedacht, ob meine Anwesenheit überhaupt dem Ziel förderlich war. Aufgrund dieser Systematik habe ich einige Spielregeln in die Unternehmen, bei denen ich tätig war oder welche ich unterstützt habe, eingeführt und getestet. Ich verspreche dir, dass diese Spielregeln dafür sorgen werden, dass sich dein Unternehmen schneller, effektiver und motivierter entwickeln kann. *Marcel Remus*, Immobilienmakler auf Mallorca, hat mal gesagt, dass er eine goldene Regel hat: *Die fünf A´s. Alle anders als alle anderen.*

Als Erstes wird kommuniziert, dass alle vereinbarten Termine verbindlich eingehalten werden. Wenn du zum Beispiel einem Mitarbeiter eine Aufgabe übertragen hast und dieser dir mitteilt, dass er den Termin nicht wahrnehmen möchte, weil er noch nicht so weit sei, dann erinnere ihn daran, dass alle Termine eingehalten werden. Dies suggeriert ebenfalls, dass du dir als Führungsperson verbindlich die Zeit nimmst und als Vorbild agierst. Lass dir in diesem Fall zeigen wie die bisherigen Ergebnisse aussehen oder wie du deine Mitarbeiter unterstützen kannst.

Im zweiten Schritt machst du dir eine Liste mit allen Meetings für das nächste halbe Jahr. Wo ist deine Anwesenheit elementar bzw. was könntest du absagen? Wenn deine Anwesenheit nicht dem Ziel förderlich ist bzw. du keine Kompetenz besitzt eine Entscheidung treffen zu können, so sage diesen Termin ab und teile den Mitgliedern mit, dass man dir im Anschluss das Protokoll zur Verfügung stellt. Auch kann man dies ganz umdrehen. Im sogenannten Rowe-Ansatz muss man begründen, warum man jemanden einlädt, man dreht das Spiel also um. Wo könntest du das Meeting in eine Telefonkonferenz substituieren?

Im dritten Schritt kommunizierst du die Spielregel, dass zukünftig nicht mehr als vier Personen in einem Meeting zusammensitzen dürfen. Wichtig ist anzumerken, dass hier der fünfte Stuhl leer bleibt. Dieses Verfahren habe ich von Amazon adaptiert. Der leere Stuhl symbolisiert den Sitzplatz des Kunden. Es ist eine Metapher dafür, dass in jedem Meeting darauf zu achten ist, die Brille des Kunden, respektive die Kundenzufriedenheit als prominentestes und primäres Ziel zu berücksichtigen ist.

Aus eigener Erfahrung kann ich sagen, wie oft es passiert, dass Termine vereinbart wurden, die nur dazu dienten, dass der Abteilungsleiter seine eigenen Ideen vorstellt. Um sicherzustellen, dass künftigen Meetings effizient gestaltet sind, muss allen Beteiligten eine vorherige Tagesordnung zur Verfügung gestellt werden. Auf dieser ist ebenfalls das Ziel des Meetings formuliert. Unterscheide hierbei immer, ob es nicht reicht, dass gewisse Mitarbeiter nach dem Meeting informiert werden, anstatt selber dabei zu sitzen.

Übrigens: Sorge dafür, dass keiner mehr zwei Termine hintereinander absolvieren muss. Wie soll denn jemand in null Sekunden von einem Ort beim anderen Ort sein? Dies hat bei der Planung ja schon zur Folge, das mindestens einer von beiden Terminen zu kurz kommt.

Im vierten Schritt kommuniziere die Spielregel, dass zukünftig Meetings nie mehr länger als 30 Minuten dauern dürfen. Eine Sache, die mich schon immer geärgert hat, ist nämlich, dass Outlook jeden Termin voreingestellt auf 60 Minuten stellt. Hier greift das Gesetz der Ausdehnung, auch als Parkinson Gesetz bekannt. Dies ist eine ganz leichte modifizierte Regelung, die kausal dazu führt, dass man sich in den Meetings effektiv ausschließlich um die zu besprechenden Inhalte kümmert. Das würde dazu führen, dass man sich nur an die Tagesordnung hält und sich um das Ziel des Meetings kümmert. Entstehen in diesem Meeting weitere Aufgaben oder Ideen, die nicht auf der

Tagesordnung stehen, so ist ein Folgetermin zu vereinbaren. Ein Mitarbeiter wird dabei ein Protokoll führen, welches nicht länger sein darf als eine DIN-4 Seite.

Mein damaliger Vorstandsvorsitzender in der Sparkasse war das Paradebeispiel dafür, wie man Meetings so unproduktiv wie möglich machen konnte. Obwohl er Regionalleiter beschäftigte, wollte er mit allen 200 Mitarbeitern jährlich persönliche Gespräche führen. 200 Stunden zuzüglich Fahrtzeiten waren weg. Weiterhin hatte er eingeführt, dass er jede Woche mit jedem Abteilungsleiter einen Fixtermin wahrnahm. Dies führte dazu, dass jede Woche 14 fixe Termine stattgefunden haben, unabhängig vom eigentlichen Bedarf. Kausal lief es in der Realität so, dass er unvorbereitet in die Termine kam, meistens mit zehn Verspätungen und dem Hinweis, dass er in zehn Minuten gehen müsste.

Termine ergeben nur Sinn, wenn es einen festen Bedarf gibt und nicht nach Zeitintervallen. Fangen wir an, Termine nach Logik zu vereinbaren!

Eine einfache effektive Methodik, um den Alltagstrott zu entkommen ist das Spazierengehen. Viele meiner Jour Fixe Termine, Bewerbungsgespräche und Netzwerktermine, bei denen sich die Inhalte auf physische bilaterale Gespräche beziehen, absolviere ich beim 15- bis 30-minütigen Spaziergang um das Firmengelände oder im Park herum. Erstens profitiere ich dabei durch die Bewegungsenergie für die noch kommenden Stunden im Arbeitsalltag, zweitens ist es eine nette Abwechslung, um sich ohne Heimvorteil auszutauschen und drittens ist die Atmosphäre deutlich angenehmer als im fensterlosem Raum mit IKEA Schreibtischen.

Um organisatorisch die Räume zu verwalten, empfehle ich die Räume in Microsoft Outlook anzulegen, sodass jeder Arbeitnehmer die Möglichkeit hat sich diesen Raum zu blocken, respektive eigenständig zu prüfen, ob dieser frei ist. Ich kenne ein Unternehmen, in dem gibt es zwei Personen, darunter die Assistentin der Geschäftsführung, die unternehmensweit für die Organisation und Buchung der Räume verantwortlich ist. Stelle Dir mal vor, wie viel Zeit pro Woche dafür verwendet wird, Räume zu buchen.

Auch eine subjektive Empfehlung möchte ich einfließen lassen. Mir ist bewusst, auch wenn du mich nicht lange kennst, dass ich in der Organisation sowie im Zeitmanagement an die Grenze des Autismus stoße, aber, wenn ich eins hasse, dann ist es Zeiten und Termine nicht einzuhalten oder zu spät zu kommen. Für mich stellt dies das größte Maß der Respektlosigkeit innerhalb einer Unternehmensökologie dar. Wenn Du eine Stunde für das Meeting angesetzt hast und 10 Minuten zu spät kommst, so sind die 16 % der eingeräumten Meeting-Zeit vorbei.

Der schon Anwesende muss auf dich warten und hat nicht die Zeit, in der Opportunität an etwas Anderem zu arbeiten. Für mich steht fest, dass Manager und Arbeitnehmer, die dauerhaft fünf Minuten zu spät kommen, während der Meetings an das Telefon gehen und dann auch noch losmüssen, zum Scheitern verurteilt sind. Der Grund ist banal:

Ein solches Verhalten führt dauerhaft zur respektlosen Wahrnehmung innerhalb der Belegschaft sowie zur Schaffung der unverbindlichen Transparenz der obersten Hierarchie. Und als letzten Tipp, den für mich effektivsten: Schaffe Zeiten und Intervalle für Meetings! Richtig gehört. Zum Beispiel 14:00 bis 17:00 Uhr. Warum? Darauf kommen wir noch zu sprechen. Nun das reicht für heute«, sagte Thomas und zückte seinen Lederkalender, um einen Termin in zwei Wochen zu vereinbaren. Er gab mir eine Zusammenfassung und verabschiedete mich mit den Worten: »Michael, du wirst es nicht bereuen. Setz es um! Du hast nichts zu verlieren«.

Zusammengefasst:

1. Lehnen Sie konsequent 10 bis 20 % der Meetings in Substitution des Protokolls ab!
2. Begrenzen Sie die maximale anwesende Anzahl der Teilnehmer!
3. Jede Einladung erhält die Ortsangabe, die Tagesagenda und Informationen zur Vorbereitung.
4. Sie tragen sich das Meeting in den Kalender ein, markieren Meetings in der Farbe Blau und tragen sich für den Vortrag und für den Tag nach dem Meeting die Vorbereitungs- sowie die Nachbereitungszeit ein.
5. Verboten sind die Punkte »Sonstiges« in der Tagesagenda. Der Grund dafür ist banal: Sie haben alle wichtigen Punkte aus der Tagesagenda abgearbeitet und aus Erfahrung wird dieser Tagesagenda-Punkt für andere Thematiken, Belange oder Smalltalk sowie Informationsphrasen genutzt. Konzentrieren Sie sich auf die verbindlichen Inhalte der Tagesagenda!
6. Sie kaufen sich ein DIN A4 Lederbuch und dokumentieren jedes Meeting mit Datum, anwesenden Personen, Inhalte und To-do´s. Empfehlen kann ich Ihnen hier auch das Rocket Buch, welches sich per Code abscannen lässt, Sie sich somit die handschriftlichen Notizen digital ablegen können.

7. In jedem Meeting sind kurz vor Ende zu klären: Wer macht was bis wann?
8. Nach jedem Meeting erhalten alle Anwesenden das Protokoll zur Verfügung gestellt.
9. Jedem Meeting wird ein Betrag in Euro zugeordnet. Damit wird klargemacht, dass jedes Meeting diese Zeit wert sein muss. Beispielsweise 5 Personen a 100 Euro (inkl. Opportunität) = 500 Euro.

Der tägliche E-Mail Tsunami:

Es ist ein Dienstagnachmittag, 16:57 Uhr. Thomas und ich haben uns an einem See verabredet. Ich weiß zwar nicht, was wir hier wollen, habe mich aber auf den Ort eingelassen. Ich stehe am verabredeten Parkplatz und um Punkt 16:59 Uhr fährt ein schwarzer Ferrari vorgefahren. Thomas steigt aus, trägt mal wieder eine graue Anzughose, ein enges weißes T-Shirt und eine Sonnenbrille. Wir begrüßen uns freundlich, wie immer mit einer intensiven Umarmung und Thomas fordert mich auf, mit ihm spazieren zu gehen.

»Nun, Michael, heute sprechen wir über eines deiner weiteren größeren Engpässe, die deine Zeit rauben und dir Opportunität für deine Unternehmeraufgaben nehmen. Wir hatten festgestellt, dass du pro Tag mehrere Stunden benötigst, um deine elektronische Post zu bearbeiten. Das geht leider vielen so. Die E-Mail wurde erfunden als elektronisches Kommunikationsmittel, um die Kommunikation zwischen zwei Personen bilateral zu verbessern. Leider hat uns die Historie im Wandel der Digitalisierung gezeigt, dass die E-Mail oft in großen Unternehmen als primäres Kommunikationstool genutzt wird und somit die eigentliche Aufgabe die Kommunikation zu verbessern paradoxerweise proportional entgegenwirkt. Es ist wie mit der Zeit, in den wenigsten Unternehmen gibt es Regeln zum ordnungsgemäßen Umgang mit elektronischer Post.

Jeder von uns kennt es. Täglich hunderte neue E-Mails. Informationen, die in den wenigsten Fällen für uns relevant sind. Nachrichten bei denen man in BCC gesetzt wird, Inhalte mit denen man sich gar nicht beschäftigen muss und ein Postfach mit 1.000 unbeantworteten E-Mails nach einer Woche Urlaub. Sieht so eine idealtypische Kommunikation aus? Richtig eingesetzt können E-Mails dafür sorgen, Informationen effektiver an relevante Personen zu übermitteln. Sie wurden ›erfunden‹, um Telefonate produktiver zu gestalten.

Beim Senden der Antwort-Mail fliegt direkt eine neue E-Mail in dein Postfach, der Benachrichtigungshinweis informiert dich über die neue E-Mail, worauf du das Verfassen eines Textes abrupt unterbrechen musst, um nach dem Inhalt der Mail zu gucken. Nachdem man festgestellt hat, dass die E-Mail keine wichtige Aufgabe beinhaltet, antwortet man schnell und konzentriert sich wieder auf das Verfassen eines Textes, bis erneut der Benachrichtigungston ertönt. Aber was ändern?

Bei meinen Klienten mache ich folgende Änderung. Diese werden als Arbeitsanweisung allen Mitarbeitern bekannt gegeben. Als allererstes werden die Benachrichtigungstöne, respektive die Hinweise für Benachrichtigungen unternehmensweit ausgeschaltet. E-Mails können erst ab 12:00 Uhr morgens eingesehen werden, weil der Server diese erst dann freigibt. Den Grund dafür erzähle ich dir später, wichtig ist aber, dass du dies zeitnah einführst. Bei wichtigen oder dringenden Themen bleibt das Telefon als Kommunikationsmittel Nr. 1 zur Verfügung stehen, unter Beachtung der noch kommenden produktiven Spielregeln.

Dabei gilt: Es ist immer zuerst eine E-Mail anzufertigen, anstatt das Telefon zu nutzen. Der Grund ist ganz banal. Beim Telefon wird der angerufene Mitarbeiter aus seiner Arbeit herausgerissen und das wollen wir verhindern. Wenn ich etwas telefonisch klären möchte, dann rufe ich meinen Ansprechpartner dann an, wenn es mir passt. Gleichzeitig bedeutet dies aber, dass mein Gegenüber nicht damit rechnet und aus seinem geplanten Arbeitsalltag herausgerissen wird. E-Mails haben den Vorteil, dass der Mitarbeiter selber entscheiden kann, wann er sich mit dem Thema auseinandersetzt. Diese bisherigen Regeln führten dazu, dass jeder Mitarbeiter die Zeit hat, sich morgens um die wichtigen Aufgaben zu kümmern. Handelt es sich also um einen Monolog oder eine Aufgabe, dann greife zu einer E-Mail. Bedarf es eines Dialogs, dann vereinbare einen persönlichen Termin. Handelt es sich um eine Rücksprache, z.B. wo etwas liegt, dann nutze Skype oder Slack.

Im nächsten Schritt führten wir ein, dass BC und BCC Mails verboten werden. Wenn ein Mitarbeiter der Meinung ist, dass die Mail irrelevant für ihn ist, so teilt er es dem Absender mit. Dies führte dazu, dass der Absender sich im Vorfeld Gedanken machen muss, für wen die Inhalte seiner

Mail relevant sind. Auch wurde eingeführt, dass die Inhalte der E-Mails nicht länger sein dürfen als zehn Zeilen Text und mit Absätzen bzw. Überschriften deklariert werden müssen. Das Thema ist im Betreff zu nennen, damit jeder Mitarbeiter die Möglichkeit, sich die Priorität für diese E-Mail eigenständig einzuordnen. Aufgaben und Informationen sind getrennt voneinander im Betreff zu kennzeichnen.

Beim Abarbeiten von E-Mails gelten ebenfalls neue Spielregeln. Erstens muss jedem bewusst sein, dass eine E-Mail immer rational zu schreiben ist. Wie oft kommt es vor, dass wir versuchen Emotionen anhand von aneinandergereihten Buchstaben zu ermitteln und ärgern uns über Personen, die uns eigentlich etwas ganz Anderes vermitteln wollten. Dies kennst du bestimmt aus der Kommunikationslehre beim Sender- und Empfänger-Engpass. Emotionen haben nichts in E-Mails zu suchen! Die Gefahr, dass dein Gegenüber die Emotion falsch oder unkorrekt interpretiert, ist proportional größer als die Wahrscheinlichkeit, deine Emotion auf die des Empfängers zu adaptieren.

Möchtest du eine E-Mail schreiben, die die Regel der Länge überschreitet, so ist mit dem Empfänger ein Telefontermin zu vereinbaren. Dabei möchte ich ebenfalls auf folgende Sache hinweisen, Michael. Wenn ich einen Termin vereinbaren möchte, dann sende ich immer drei Terminvorschläge oder nutze dafür das Tool ›Doodle‹ oder ähnliche Terminfindungstool. Ich glaube, jeder kann nachvollziehen, wie viel Zeit es raubt, einen Termin über E-Mail zu koordinieren. Der Termin sollte nie länger als

15 bis 30 Minuten dauern. In jeden Termin bei Microsoft Outlook fügen wir dabei alle relevanten Daten mit ein, sodass der Empfänger sich darauf vorbereiten kann, damit wir als Sender schnellstmöglich und so produktiv wie möglich die fehlende Information bekommen können. Dabei greift natürlich das Monkey Management. Sollte ein Mitarbeiter dir unstrukturierte Daten zur Verfügung stellen, damit du den Job übernimmst, dies aber unvollständig sein, so lehne ich diesen Termin umgehend ab.

Nun wie beantworte ich meine E-Mails? Ich nutze den Mechanismus von ›Touch it ones‹ und die Regel des leeren Posteingangs. Zweimal täglich überprüfe ich zu festgelegten Zeiten, dazu kommen wir später noch, meinem Posteingang. Die Zeit, die ich für die Bearbeitung benötige, ist im Kalender fix eingetragen. Bei den 20 offenen E-Mails fange ich an zu selektieren. Informationen, die mir in meiner Arbeit dienen oder die Branche betreffen, verschiebe ich in den Microsoft Outlook Ordner Informationen. Hierfür habe ich mir jeden Freitag eine Stunde fix eingetragen, um mich up to date zu halten. E-Mails bei denen ich nur ›zur Info‹ hinzugefügt werde, lese ich sofort oder ich füge die E-Mail mit Copy and Paste bei Trello ein.

Trello zeige ich dir später, Michael. E-Mails mit Aufgaben und relevanten To-dos unterscheide ich in dringend und wichtig. Hier greift meine 5-Minuten-Regel. Kann ich die E-Mail innerhalb von 5 Minuten beantworten, so mache ich dies umgehend. Dauert dies länger? Dann trage ich mir für den nächsten Tag, für die kommende Woche oder für den kommenden Monat, je nach Faktor von dringend und wichtig, einen Zeit-Slot von 30 Minuten bis drei Stunden in den Microsoft Outlook Kalender als Termin ein. Was bedeutet das für den aktuellen Tag?

Ich beantworte dringende E-Mails sofort, lasse meine Tagesplanung jedoch nicht durch eingehende Aufgaben sausen. So schaffe ich es, dass ich an einem Tag immer das schaffe, was ich mir wirklich vorgenommen habe, kausal das Verhältnis von agieren und reagieren am Tag eingehalten wird. Wie oft haben wir täglich dieses Gefühl, nichts geschafft zu haben? In den meisten Fällen hängt dies davon ab, dass wir mehr reagieren als agiert haben. Der Vorteil ist nun, dass Aufgaben mit dem geschätzten Zeitintervall zukünftig geplant sind und das Mail-Postfach am Ende des Tages leer ist. Ich kenne nur zu gut den psychischen Druck aus meiner eigenen beruflichen Karriere, den allein ein mit unbeantworteten E-Mails vollgestopftes Mail-Postfach auslösen kann.

Jede E-Mail wird also nur einmal geöffnet und dann entschieden, ob ich diese später intensiv lese, sofort bearbeite oder mir als Aufgabe zukünftig einplane.

Als weiterer Tipp kann ich dir mitgeben die Abkürzung ›KAN‹ am Ende von Mails einzufügen. Dies steht für keine Antwort notwendig und soll zukünftig alle leeren Phrasen wie das Antworten von ›ok‹ oder ›check‹ eliminieren.

Den letzten Tipp, den ich dir mitgeben kann, würde ich nicht immer anwenden, manchmal geht es aber nicht anders. Es ist der Tipp der Zeit verzögerten E-Mail. Mit Microsoft Outlook kannst du in der Option einstellen, wann eine E-Mail versendet werden soll. Natürlich mit dem Bewusstsein, dass dies, wenn alle das so machen, es zu massiven Verzögerungen im Unternehmen führen kann. Ich nutze diesen Mechanismus gerne für den Tag nach dem Urlaub.

Dann sind ungefähr 60 E-Mails pro Tag aufgelaufen und es tritt der Bumerang-Effekt in Aktion. Man startet mit der ersten E-Mail, man beantwortet die zweite E-Mail und bevor man die dritte E-Mail beantwortet hat, bekommt man schon die Antwort der ersten E-Mail. Ein ewiger Kreislauf. Wie soll man da alle 60 E-Mails beantworten?

Mein Trick: Ich beantworte alle E-Mails mit dem Tool der Zeitverzögerung, sodass alle E-Mails erst eine Stunde nach Feierabend verschickt werden. So sind alle E-Mails beantwortet und ich kann am nächsten Tag entspannt zur Arbeit kommen. Natürlich muss ich drauf achten, dass keine dringenden E-Mails dadurch untergehen und wichtige Informationen verloren gehen bzw. Prozesse künstlich verlängert werden. In den meisten Fällen ist es jedoch so, dass die Antwort auf eine E-Mail auch 24 Stunden später erfolgen kann.«

Extratipp:

Viele Arbeitnehmer arbeiten den E-Mail-Berg auch einen Tag vorm Urlaub ab, das geht natürlich, aber ich persönliche bevorzuge einfache die Freiheit mir den ersten Tag nach dem Urlaub komplett frei von Terminen zu nehmen und so real erst am zweiten Tag zu starten, respektive manchmal teile ich den Personen erst den Tag als offizielle Rückkehr mit, obwohl ich dann schon im Büro bin. Für wirklich dringende Mails im Urlaub trage ich in der automatischen Antwort ein, dass die E-Mail nochmal mit dem Vermerk ›dringend‹ im Betreff gesendet werden soll. Outlook lässt sich dann so programmieren, dass diese Mail dann an ein von mir vordefiniertes E-Mail-Postfach weitergeleitet wird.

Ich bin gespannt, was du davon einführst, Michael, und was du mir irgendwann berichten wirst.

Wir sind nun beim Café angelangt. Ich gebe einen Kaffee aus. Dann sprechen wir über deine zukünftige Sekretärin.«

Deine neue Sekretärin: Die Heldin deiner Zeit

»Nun ich hoffe, dir schmeckt dein Kaffee, denn wir kommen nun zu einem Punkt bei denen sich die meisten Manager und Unternehmer sperren. Die Lösung deiner Probleme heißt Assistenten. Es ist die beste Investition, die du als Chef machen kannst. Bevor du dir noch mal mehr eine Gehaltserhöhung von 50.000 Euro pro Jahr gibst, stell die fähigste Assistentin ein, die du finden kannst.

Natürlich gibt es Kompetenzen, die dafür essenziell sind, zum Beispiel Terminkoordination, das Nachbearbeiten von Meetings, eine Persönlichkeit und ein freundliches Auftreten. Jedoch soll die Assistentin vielmehr sein, sie wird der Torwart für deine Zeit. Ich habe sogar zwei Assistenten eingestellt. Gerne erkläre ich dir, warum.

Für mich sind zwei Damen tätig. Eine Assistentin und eine Sekretärin. Der Unterschied ist elementar. Die Sekretärin ist maßgeblich dafür verantwortlich, den Rücken deiner Assistentin freizuhalten. Hier eignen sich zum Beispiel Notarfachangestellte. Die Sekretärin ist beispielsweise für die Post, für das Office, für den Empfang, für die Getränke, für Aufgaben aus dem privaten Leben, für Schreibtätigkeiten und andere Dinge verantwortlich.

Die Assistentin dagegen ist die Person, die maßgeblich verantwortlich ist, deinen Rücken zu stärken. Dafür ist es essenziell notwendig, dass auch die Assistentin genug Zeit hat, sich intensiv in deine Themen einzuarbeiten. Ziel muss es also sein, dein Wissen an Zeitmanagement nicht nur für dich anzuwenden, sondern dafür zu sorgen, dass deine Assistentinnen dies ebenfalls lernen. Zusammen werdet ihr drei das Team der absoluten Power. Eine Assistentin solltest du nicht einfach aus internen Kapazitäten befördern, sondern wirklich lange vakant ausschreiben lassen. Dies wird deine absolute Vertrauensperson.

Nun, wie sieht die Entlastung aus? Als Erstes räumst du deiner Sekretärin und Assistentin vollständige Lese- und Bearbeitungsrechte an deinem Postfach ein. Deine Assistentin wird zukünftig täglich mehrmals deine E-Mails prüfen, dabei wird sie deine E-Mails in verschiedene E-Mail-Ordner verschieben. Deine Assistentin hat also eine Selektionsfunktion. Ein Ordner könnte für dringende Aufgaben sein, ein Ordner für wichtige Aufgaben, ein Ordner für schnelle Entscheidungen, die absolut notwendig sind und ein Ordner mit E-Mails, die informatorisch an dich gerichtet sind. Wie wir damit umgehen, habe ich dir schon erzählt. Dadurch erhältst du komplette Kontrolle über deinen Posteingang und es werden direkt nervige Anfragen von Drittanbietern und anderen zeitraubenden sinnlosen Angeboten eliminiert.

Nun verabschiede dich von dem Glaubenssatz, dass du zukünftig dafür verantwortlich bist, deine E-Mails und Briefe eigenständig schriftlich zu beantworten! Ab heute wird das deine Assistentin und eine Sekretärin tun. Ab heute wirst du deine E-Mails mit einem Diktiergerät beantworten. Hier kann ich das „Olympus 7000" empfehlen. Du wirst super schnell feststellen, dass du nur noch einen Bruchteil deiner Zeit darauf verwenden musst, um deine E-Mails zu beantworten. Du gewinnst Zeit, die essenziell dafür benötigt wird an deinem Unternehmen zu arbeiten. Dein Diktiergerät wird dabei mehrere Ordnerfunktionen enthalten.

Der Clou: Jedem Ordner wird eine E-Mail eines deiner Mitarbeiter zugeordnet. Anstatt nun eine E-Mail schriftlich zu beantworten, nimmst du dein Diktiergerät und erläuterst zu der E-Mail deinen Input. Nachdem du nach ein paar Minuten die schriftlichen Anfragen beantwortet hast, steckst du das Diktiergerät in die Docking-Station und nun passiert folgendes: Da das Gerät mit dem Computer verbunden ist, synchronisieren sich alle Geräte und die Sprachnotizen werden an die jeweiligen E-Mail-Adressen gesandt. Nun können deine Assistentin und eine Sekretärin die Aufgaben für dich erledigen.

Glaube mir, dass wird deine Zeit-Revolution. Wenn du immer noch nicht daran glaubst, dann nehmen wir als Beispiel den rationalen Grund. Wie viel Arbeitszeit mit welchem Stundenlohn investierst du, um E-Mails zu beantworten, die nicht elementar Umsatz erwirtschaften? Du wirst sehen, dass der Stundenlohn deiner direkten neuen

Familienmitglieder geringer deiner ist und du dich so auf die wirklich wichtigen Inhalte konzentrieren kannst.

Natürlich kann man auch virtuelle Assistentin nutzen, wie beispielsweise von eBüro oder Taskwunder, aber ich bleibe meiner These für physische operative Anwesenheit treu.

Die virtuelle Assistentin ergibt für mich nur dann Sinn, wenn du selbständig bist. Wenn du selbstständig bist, musst du selbst und ständig sein. Dein Tag ist limitiert auf zehn Stunden, an denen du Umsatz erwirtschaften kannst, kausal ist jede andere Anfrage die Verdrängung von Opportunität Umsatz.

Ziel kann es also sein, jegliche Anrufe und E-Mails von deiner virtuellen Assistentin bearbeiten zu lassen, die für dich Termine organisiert, Rechnungen an die Buchhaltung und an deinen Steuerberater weiterleitet oder einfache Fragen anhand von einem dir vorformulierten Handbuch beantwortet.

Ich bin super gespannt, was du mir berichten wirst. Wenn du damit einverstanden bist, dann machen wir für heute Schluss, du setzt das Gelernte umgehend um und ich komme in drei Wochen zu dir in die Firma, um die nächsten Punkte zu besprechen. Ist das für dich okay, Michael?«

»Um ganz ehrlich zu sein Thomas, du sagtest doch, dass wir uns auch um mein Privatleben kümmern? Wann kommen wir endlich dazu?«, fragte Michael enttäuscht, jedoch stolz so viel gelernt zu haben.

»Eine intelligente Frage«, äußert sich Thomas und führt weiter aus: »Nun Michael, du bist Unternehmer. Stell dir dein Leben als einen Stuhl vor. Du sitzt darauf. Jedes Bein symbolisiert einen Lebensabschnitt. Ein Bein steht für Gesundheit und physischer Fitness. Ein weiteres steht für beruflichen Erfolg und finanzielle Freiheit. Das Weitere steht für eine Lebenspartnerschaft, Freunde und Familie. Das Letzte für kognitive Weiterbildung und eine fitte Psyche.

Bei einem Stuhl ist es so: Ist ein Bein kürzer als die anderen drei, fängst du an zu kippeln. Ist nicht nur ein Bein kürzer, sondern drastisch kurz, verlierst du das Gleichgewicht in deinem Leben und fällst um. Daher ist für mich das primäre Ziel, alle diese vier Bereiche in deinem Leben zu optimieren und wir fangen nun mal an mit dem ›Stuhlbein‹ beruflicher Erfolg und finanzielle Freiheit an. Warum? Indem du mit deinem Unternehmen erfolgreich bist und die Regeln des Zeitmanagements einhältst, gewinnst du deutlich mehr Freizeit für mehr Output. Dies nenne ich Neozeit.

Wir investieren dies nun in die anderen Bereiche. Als kausales Ergebnis steht fest, wenn du beruflich erfolgreich bist, dass du über eine deutlich höhere Kaufkraft als der Durchschnitt verfügst. Dies könntest du nutzen, um dir Bücher zu kaufen oder Kurse zu belegen, die dich kognitiv herausfordern. Du könntest Geld spenden, um das Verhältnis von Geben und Nehmen zu optimieren, glaub mir, du wirst glücklicher. Dadurch, dass du dich aus deinem Unternehmen immer mehr herausziehst, kannst du feste Tage vereinbaren, an denen du Zeit mit deinen Kindern verbringst oder einen Tag verbindlich pro Woche als Date mit deiner Frau verbringst.

Da deine Kinder und deine Frau glücklicher sein werden, wirst du glücklicher. Da du glücklicher wirst, kannst du andere viel besser glücklich machen und wirst das Gefühl haben, dein Leben in den Griff zu bekommen und möchtest schon aus Prinzip daher mehr Zeit mit deinen Freunden verbringen. Dies ist ein einfaches Beispiel von wechselseitigen Abhängigkeitsverhältnissen von der bisherigen leeren Phrase Work-Life-Balance. Michael, nehme es mir nicht übel, wir werden erst fokussiert einen Engpass in deinem Leben zu 100 % optimieren und uns dann auf die anderen Teilgebiete stürzen. Einverstanden?«

Nickend sah ich Thomas an und umarmte ihn.

Projekttools: Nie mehr den Überblick verlieren

»Hallo Michael, schön dich wiederzusehen. Wie geht's dir?«, fragte Thomas, während er mich umarmte.

»Danke, ganz gut, ich habe sogar schon drei Bewerbungsgespräche«, entgegnete Michael.

»Das ist super«, Thomas zeigte euphorisch mit dem Daumen nach oben, »jedoch kommen wir auf das Thema Bewerberselektion und Führung auch später nochmal zu sprechen. Heute haben wir viel vor.

Dein wichtigstes Instrument beim Zeitmanagement wird Microsoft Outlook und Trello sein. Microsoft Outlook kennst du ja schon durch die neuen Regeln, wie du E-Mails beantworten sollst. Nun geht es um die Frage, wie wir mit Aufgaben umgehen? Auch dazu gibt es natürlich Regeln.

Die wichtigsten zuerst. Immer, wenn du einen Termin hast, trägst du dir einen Tag vorher 30 Minuten als ganz normalen Termin für die Vorbereitung ein, einen Tag danach 30 Minuten als ganz normalen Termin für die Nachbearbeitung. Dein Kalender ist dabei ein Kompass für deine Termine und Aufgaben. Wir werden beginnen, Farben zu integrieren. Gelb nutzen wir für Erinnerung, blau für Termine, weiß für Aufgaben und rot für Pausen.

Wenn du beispielsweise eine Antwort von einem deiner Abteilungsleiter zu irgendeinem Fristende benötigst, die Zuarbeit von einer Agentur oder die Antwort deines Steuerberaters, dann stellst du schon beim Absenden deiner E-Mail eine nun gelbe Erinnerung in Form eines Termins mit einem 15 Minuten Zeit-Slot in deinem Kalender ein. Sollte die Aufgabe erledigt sein, löschst du diesen wieder.

Termine werden zukünftig mit blau markiert. Wichtig ist, dass du dir auch direkt die Anfahrtszeit und Abfahrtszeit blau mit einträgst. Warum das wichtig ist? Weil wir das Verhältnis von proaktiven Aufgaben zu Terminen kontrollieren werden. Pro Tag darfst du maximal nur noch drei Termine haben. Weiß sind alle Aufgaben, die du für einen Tag einplanst. Dabei schätzt du schon von der Anlage des Termins, als du die E-Mail dafür geschlossen oder dir die Aufgabe überlegt hast, dein prognostiziertes Zeitintervall ein. Pro Tag wirst du dir unabhängig davon zwei Zeit-Slots für je 30 Minuten um 12:00 Uhr und um 17:30 Uhr einplanen. Dies sind deine Zeiten, in denen du E-Mails beantworten wirst. Weiterhin wirst du deinen Tag nur zu 80 % verplanen, respektive mindestens eine Stunde pro Tag für unvorhergesehenes mit einplanen.

Und zuletzt: Deine Pausen!

Du planst dir deine Pausen mit 60 Minuten für eine Mittagspause und je 30 Minuten vormittags und nachmittags ein. Diese Pausen sind für dich absolut verbindlich und dürfen nicht gestrichen werden.

Jeden Freitag trägst du dir einen regelmäßigen Termin für 60 Minuten ein, indem du die nächste Woche für dich organisiert hast. Du trägst alle Aufgaben, das solltest du ja nun sukzessiv machen, für nächste Woche ein und gleichst ab, welche Projekte diese Woche ebenfalls für nächste Woche anstehen. Das sollte ungefähr 30 Minuten dauern. Nun, die restlichen 30 Minuten nutzen wir für Trello. Dazu gleich mehr.

Wichtig beim Setzen aktiver Aufgaben ist, diese als Blöcke anzulegen. So solltest du klar zwischen Verwaltungsaufgaben und Kreativ-Arbeit unterscheiden. Lege diese nie abwechselnd hintereinander an. Ich habe einen fixen Tag, für mich ist dies Freitag, an dem ich mich ausschließlich um das Controlling. Warum? Weil ich aus Erfahrung sagen kann, dass hier die wenigsten Neuanfragen kommen. So kann ich mich voll auf das Controlling und dessen Thesen für Handlungsempfehlungen konzentrieren.

Montags starte ich zum Beispiel mit dem Team mit einem Kick-off oder auch Standup genannt, um die Kollegen über die letzte Woche und die anstehende Woche zu informieren. Mitarbeiter-Gespräche führe ich zum Beispiel an einem dafür vorher gesehenen Tag. Dabei plane ich mir Puffer zwischen den Terminen ein. Strategische Themen mit hoher Auswirkung auf die unternehmerische Positionierung bearbeite ich kategorisch nicht an Tagen mit Aufgaben, die sich um Kunden drehen.

Rechnungen, deren Kompetenz die Abteilungsleiter überschreiten, arbeite ich dienstags und donnerstags jeweils eine Stunde lang ab. Sollten Mitarbeiter Entscheidungen benötigen, wichtig dabei ist der Begriff Entscheidung und nicht das Lösen derer Probleme, dann habe ich auch dafür fixe zwei Tage in der Woche vorgeplant. Natürlich muss ich meinen eigenen Biorhythmus berücksichtigen. Bin ich morgens am kreativsten oder eher abends?

Da du nun deine Assistentin hast, wird sie deine Zeit verteidigen und so kannst du deine Termine einhalten. Termine setze ich mit Aufgaben gleich, weil jede Aufgabe von dir als Termin geplant ist und somit für dich verbindlich gilt. Was auch gut funktioniert, ist das Bündeln von einzelnen Abteilungen. Zum Beispiel Themen für Finanzbuchhaltung und Controlling an einem Tag, Marketing und Kundensupport an einem Tag, Vertrieb und Coaching an einem Tag, Recht und Personalthemen an einem Tag …

Bevor wir zu den anderen 30 Minuten deiner täglichen Vorarbeit am Freitag kommen, noch zwei Tipps. Ich nutze die sogenannte Google-Liste für mich. Manchmal werde ich verwundert angeguckt, wenn ich während eines Gespräches mein Handy heraushole und wie wild anfange zu tippen. Dann muss ich dieser Person erklären, dass ich dabei bin meine Liste auf dem Handy zu ergänzen. Diese Liste beinhaltet alle Themen, mit denen ich mich bei gegebener Zeit beschäftigen möchte. Wie du dir denken kannst, auch dafür habe ich freitags eine Stunde geplant.

Hier landen alle strategischen Themen wie Chat-Bots sowie Fremdwörter, dessen Bedeutung ich nicht kenne.

Dies führt dazu, dass ich mich sukzessiv mit neuen Themen auseinandersetze und täglich dazu lerne. Wenn du merkst, dass ein Thema für dein Unternehmen extrem relevant ist, dann such dir einen Experten und arbeite dich nicht mühsam in das Thema ein. Google, suche bei Xing oder frag in deinem Netzwerk nach, ob jemand einen Experten kennt, rufe diesen an und bitte ihn um Hilfe, respektive Frage, welche Voraussetzungen erfüllt werden müssen, damit dies dein Unternehmen stärken kann. Erst dann beschäftige ich mich intensiv mit dem Informieren. Dabei gilt im gesamten Unternehmen die Regel: Wer hatte das Problem schon mal und was hat er dafür getan, um dies zu lösen? Dies erspart dir extrem viel Zeit.

Bevor ich es vergesse: Natürlich wirst du als Multiplikator deinen Abteilungsleitern alle Regeln ebenfalls beibringen. Du willst ja, dass alle in deinem Unternehmen produktiv arbeiten. Einführen würde ich auch, dass jeder Abteilungsleiter sich morgens um Punkt 9:00 Uhr mit seinem Team zum sogenannten Stand Up verabredet. Hier stehen alle auf und die Mitarbeiter erklären kurz und knapp, was sie heute machen. Das führt dazu, dass der Abteilungsleiter immer informiert ist, sich zu Coaching-Zwecken in das Projekt integrieren kann und vor allem Synergien entstehen. Wie das? Nehmen wir an, dass ein Mitarbeiter eine neue Aufgabe löst, so könnte dies auch für die anderen interessant sein, wenn diese ebenfalls zukünftig ähnliche Aufgaben lösen sollen. Du verhinderst direkte Abhängigkeiten von Aufgaben und Personen. Ein dauerhaftes Lernen entsteht.

Nun kommen wir zum Projektmanagementtool ›Trello‹. Du kannst natürlich auch ›Meistertask‹ nutzen. Das System basiert auf sogenannten Kanban und ist kostenfrei.

Die Reiter oben kannst du dir beschriften, wenn du möchtest. Zum Beispiel, was ist noch offen, was ist in Bearbeitung, bei welchen Tasks wartest du auf Freigaben, was ist bei Agenturen und was ist bereits abgeschlossen. Als

Teamleiter könntest du aber auch die Spalten nach Namen benennen. Eine Aufgabe ist zu erledigen, also legst du diese in Microsoft Outlook im Kalender an, gleichzeitig als offene Aufgabe bei Trello. Jede Kachel ist also eine Aufgabe. Der Vorteil ist, dass du in jeder Kachel das Projekt oder die Aufgabe beschreiben, die Chronologie mit Kommentaren nachvollziehen und Mitarbeiter sowie Fristen koordinieren kannst.

Soll eine Aufgabe nun bearbeitet werden, so ziehst du die Aufgabe in die Spalte für Bearbeitung oder direkt in die Spalte für die Mitarbeiter. So hast du auf einem Blick alle Projekte in Sichtweite. Du musst nicht mehr die gesamte Kommunikation per E-Mail durchführen und kannst dir sehr schnell einen Überblick verschaffen. Wird zu einem Projekt hin und her geschrieben, so füge ich einfach den Text per Kopieren und Einfügen von der E-Mail in die Kachel des

Projektes als Kommentar ein. Möchte ich nun ein Update zu einem Projekt haben oder jemand fragt mich zu einer Aufgabe, dann rufe ich mir die Kachel auf, weiß, wer diese bearbeitet und schaue nach der Chronologie, wie der aktuelle Stand ist, respektive, ob die Frist eingehalten wird.

Hätte ich dieses Tool nicht, müsste ich bei meinen E-Mails nachschauen. Ich sortiere den Engpass nach Projekten oder Nachnamen. Bei Projekten habe ich den großen Nachteil, dass ich alle E-Mails durchlesen muss, bevor ich die aktuellste finde. Ob jetzt jemand angerufen hat oder nicht, kann ich gar nicht nachvollziehen. Im Projektmanagementtool will der Mitarbeiter schnell hinterlegen, dass er versucht hat, die Agentur dreimal anzurufen. Der Vorteil liegt auch hier in der Produktivität. Ich als Unternehmer könnte mir wöchentlich einen Zeit-Slot von drei Stunden blocken, um in die Projektboards der Abteilungen hineinzuschauen und bestimmte Aufgaben mit Kommentaren zu versehen oder mich zu informieren.

Die Kombination aus allen Tools macht das unfassbar produktive Arbeiten möglich. Mal ganz ehrlich. Wie hast du bisher gearbeitet, Michael? 100 E-Mails im Posteingang? Du beantwortest die erste E-Mail, möchtest nun die zweite E-Mail beantworten. Du gehst alle restlichen 98 E-Mails durch und entscheidest dich für die dringendste oder wichtigste. Du beantwortest diese Aufgabe und möchtest die nächste E-Mail beantworten, der Kreislauf beginnt von vorn. Wie effektiv ist es also, eine E-Mail bis zu hundertmal zu öffnen, bevor du diese bearbeitet hast, weil du jedes Mal aufs Neue entscheiden musst, welche Chronologie du bei der Bearbeitung einhalten willst. Ich kann dir garantieren: Jeder Arbeitnehmer, jeder Manager und jeder Unternehmer liebt Trello und kann nie mehr darauf verzichten. Würde ich von denen gesponsert werden, wäre ich schon finanziell frei, denn ich habe bestimmt schon 100 aktive Kunden damit glücklich gemacht. Du wirst es nicht bereuen.«

Extratipp:

Ich empfehle die To-do-Karten in haptischer Form von www.lib-elle.de. Hier notiere ich die Tagespunkte vom Outlook-Kalender auf die Karte. Enthalten sind Felder für A-Aufgaben, B-Aufgaben, Termine, Telefonate, Mails, Privates und ein Feld für das Trinkverhalten. Diese Karte habe ich immer auf Blickhöhe durch einen nun anders genutzten Tablet-Ständer. Erledigte Aufgaben streiche ich dann durch.

Kompetenzen für Mitarbeiter? Ja, bitte!

»Nun, lieber Michael, du hast nun gelernt, wie du dich selbst organisieren kannst. Wichtig ist nun dafür zu sorgen, dass dich daran nun keiner mehr hindert. Also, wie schaffen wir das? Zu dem Thema mit den Prozessen kamen wir ja schon. Wir haben dafür gesorgt, dass das Optimieren von bisherigen Prozessen jährlich durchgeführt wird und somit nicht vom operativen Tagesgeschäft verdrängt wird.

Warum ich jetzt noch mal darauf zu sprechen komme, ist, dass du auch deine Abteilungsleiter mit mehr Kompetenzen ausstatten sollst. Immer wieder höre ich hier von Unternehmern die These, dass niemand anderes in der Lage sei so komplexe Entscheidungen zu treffen. Und genau das ist falsch. Zum einen ist es sehr wahrscheinlich, dass irgendein Mitarbeiter aus deiner Firma einen höheren IQ hat als du.

Der Unterschied liegt also darin, dass du die Entscheidung effektiv den Unternehmenszielen einordnen musst.

Und jetzt kommt etwas ganz Neues: Du kannst deinen fähigsten Mitarbeitern beibringen, so zu denken, wie du es tust. Eine Randnotiz davon wird noch beim Thema Führung kommen, wichtig ist nun zu erkennen, dass du dir eine sukzessive systemische Lösung erarbeitest, die dafür sorgt, das richtige Treffen von Entscheidungen anderer herbeizuführen. Du fängst also an, Arbeitsanweisungen zu definieren und Prozesse mit Ablaufplänen zu beschreiben.

Mitarbeiter müssen dadurch nicht mehr neue Kollegen einweisen, sondern diese können sich anhand der Ablaufpläne und Checklisten nahezu selbst einarbeiten. Die Checklisten führen dazu, dass man mit seiner Unterschrift bestätigt, den Prozess ordnungsgemäß durchgeführt zu haben.

Die Unterschrift dabei spielt eine wichtige Rolle, da sie bestätigt, dass Qualität geliefert wurde. Oftmals entsteht die Situation, dass ein Mitarbeiter kurzfristig das Unternehmen verlassen muss und daher Wissen verloren geht.

Nun gibt es einen Stapel für ›Ja‹ und ›Nein‹. Deine Mitarbeiter sollen dir ja keine Probleme auf den Tisch legen, respektive Engpässe, sondern Alternativvorschläge für Lösungen. Du forderst ein, dass zukünftig jeder Mitarbeiter, der dir einen Engpass mit vorformulierten Alternativvorschlägen auf den Schreibtisch legt, diese auf einen Stapel ›Ja‹ oder einen Stapel ›Nein‹ hineinlegen muss, zuzüglich einer Erklärung warum.

Nun, du blockierst dir zu Beginn pro Woche fixe Zeiten, um diese Entscheidungen mit dem Mitarbeiter durchzugehen. Du fragst die Mitarbeiter warum er für ›Ja‹ entschieden hat, warum für ›Nein‹ und erörterst danach deine Sichtweise. Da du dies immer wieder machst, wird der Mitarbeiter verstehen, wie du denkst, wie du Entscheidungen triffst, welche Prämissen um Präferenzen du dabei verfolgst und irgendwann wird er zu 90 % so entscheiden können wie du. Das ist eines der wichtigsten Schritte, um dich weiterhin zu entlasten.

Wichtig ist also immer systemisches Denken. Wenn du beispielsweise immer das Gleiche schreiben musst, greif auf ein Tool zurück, bei dem du Textbausteine hinterlegen kannst, um diese mit bestimmten Tastenkürzeln zu verwenden. Du willst die Rückfragen minimieren, also mach ein Handbuch. Dein Abteilungsleiter im Marketing merkt, dass deine Mitarbeiter mit 26 % der Arbeitszeit damit beschäftigt sind, Aufgaben zu hinterfragen, weil Informationen wie Budget, Verantwortung, Fristen und Kostenstelle fehlen. Was machst du? Du führst ein sogenanntes Ticketsystem ein. Marketing-Aufträge dürften also nur noch anhand eines von dir vorformulierten Antrages online und oder elektronisch an das Postfach marketing@firmennamen.de gesendet werden. Das reduziert Nachfragen und die Projekte lassen sich einfacher steuern, weil telefonische und bilaterale Aufträge nicht mehr verloren gehen.

Damit die Abteilungen anfangen, abteilungsübergreifend zu denken und die Ziele des Unternehmens zu verfolgen, könnte das Praktikum eine sinnvolle Möglichkeit sein. Bei dieser Variante muss ein Mitarbeiter der Abteilung A eine Woche lang in der Abteilung B arbeiten. Der Mitarbeiter muss danach einen Kurzbericht in seiner bisherigen Abteilung vorstellen. Dies fördert den Informationsfluss und die Mitarbeiter bekommen ein gutes Gefühl, welche Engpässe und Aufgaben andere Abteilungen versuchen zu lösen. Warum das so wichtig ist?

Die *Bertelsmann-Stiftung* brachte im Jahr 2011 eine Studie heraus. 72 % der Befragten antworteten, dass ihnen das Arbeitsklima am wichtigsten ist. Auf die Gegenfrage, was sie am meisten am jetzigen Arbeitsklima störe, antworteten diese, dass Abteilungen viel zu häufig unter sich kommunizieren und andere Abteilungen meiden. Daher habe ich die Praktikumswoche entwickelt. Die Mitarbeiter waren anfangs skeptisch, freuen sich jedoch nun jedes Jahr auf diese Abwechslung. Ach ja, ebenfalls erwähnen sollte ich, dass der Chef bzw. der Geschäftsführer oder Vorstand selbstverständlich ebenfalls mitmachen muss. Vormittags hat sich der Manager zwecks Praktikum in eine andere Abteilung begeben, nachmittags hat ihn ein Angestellter bei seinen Vorstandsaktivitäten zwecks Praktikum begleitet. Ratsam wäre auch das Mystery-Lunch von ›Runtastic‹. Hier bezahlt das Unternehmen einmal pro Woche das Mittagessen, wenn zwei abteilungsfremde Angestellte zusammen extern essen gehen und sich austauschen.

Auch könnte man sich überlegen, das sogenannte Vorstandsvideo einzuführen. Bei einem großen Mobilfunkanbieter sollte die Kommunikation bzw. die

Transparenz von der Managementebene zu den Mitarbeitern verbessert werden. Nach vielen Befragungen stellte sich heraus, dass sich die Mitarbeiter mehr Informationen wünschen würden, wie es dem Unternehmen geht, welche großen Kunden gewonnen wurden, ob die Ziele zum jetzigen Stand erfüllt werden oder welche Neuigkeiten es gibt. Auch nannten Mitarbeiter das Beispiel, dass die neue stellvertretende Vorstandsvorsitzende nur anhand eines zehnzeiligen Steckbriefes vorgestellt wurde. Zusammen mit dem Social Media Team entwickelten wir nun das Vorstandsvideo. Mitarbeiter können per E-Mail Fragen an eine vordefinierte E-Mail-Adresse senden. Der Mitarbeiter aus dem Social Media Team selektiert diese dann und reicht diese dann an das Vorstandsbüro weiter. Freitags beantwortet nun der Vorstand diese fünf Fragen in einem Video, welches dann im Intranet den Mitarbeitern zur Verfügung gestellt wird.

In der sogenannten *Grant-Studie* wollte man herausfinden, inwieweit transparente Informationen maßgeblich an der Produktivität mitwirken. Die Studie wurde in einem Callcenter durchgeführt. Die dort arbeitenden Mitarbeiter wurden in drei Gruppen unterteilt und Ziel war es, Spenden für ein Stipendium für einen Studenten zu akquirieren. In der ersten Testgruppe wurde ein Schauspieler engagiert, der sich als Student ausgab und in fünf Minuten erklärte, warum er das Stipendium braucht. In der zweiten Gruppe wurde ein Brief vorgelesen, von dem angeblichen Studenten, warum er das Stipendium braucht. Weiterhin wurde nach jeweils zwei Wochen ein Chat eröffnet, in dem die Angestellten fünf Minuten mit dem angeblichen Studenten chatten konnten.

Die dritte Gruppe hatte keinerlei Kontakt mit einem fingierten Studenten. Was denkst du, welche Gruppe hat die meisten Spenden akquiriert?«, fragte mich Thomas.

»Gruppe eins natürlich«, antwortete ich mit der Erwartung richtig getippt zu haben, aber Thomas schüttelte den Kopf.

»Du denkst, es ist die Gruppe eins, die den persönlichen Kontakt hatte? Nach acht Wochen wurde gemessen wie viele Spenden akquiriert worden, gemessen im Verhältnis zur Anrufzahl und der jeweiligen Anrufdauer. Gruppe eins hatte gegenüber der Gruppe drei eine Steigerung von 140 %. Am erfolgreichsten war jedoch Gruppe zwei mit 172 % Steigerung gegenüber der Gruppe drei. Festzuhalten ist also, dass man unmotivierte Mitarbeiter, obwohl man die Tätigkeiten nicht verändert, deutlich produktiver machen kann, indem man Sie motiviert und mit dem Sinn ihrer Tätigkeit konfrontiert bzw. in vordefinierten Intervallen die Kommunikation stärkt.«

Tunnelarbeit oder Multitasking?

»Aber nun kommen wir zu den praktischen Tipps, um Ablenkungen zu reduzieren. Ich gehe davon aus, dass du mein Mindset schon verstanden hast und jedem deiner Mitarbeiter geräuschreduzierende Kopfhörer gekauft hast?«

Thomas forderte mich auf aufzustehen und mit ihm spazieren zu gehen.

Was war das nur für ein Typ. Beim Herausgehen aus meiner Firma klatscht er mit einem High five mit der Sekretärin ab. Die hat er doch erst zweimal gesehen. Und er fing an zu erzählen:

»Du kennst doch sicher den 05:00 Uhr Club? Viele erfolgreiche Unternehmer stehen um 5:00 Uhr auf und absolvieren ihre morgendliche Routine, damit sie nicht von anderen gestört werden. Um eins klarzustellen: Wenn du die Zeit für dich nutzt, ist dies sehr produktiv, wenn du dies jedoch nutzt, um deine Arbeit zu schaffen, weil dich in dieser Zeit keiner belästigen kann, dann sollte es doch eher deine systemische Lösung sein, dir ein Arbeitsklima zu schaffen, das es dir ermöglicht so auch tagsüber zu arbeiten, oder?

Ein Vorstandsvorsitzender eines Pflegeunternehmens mit 15.000 Mitarbeitern hat folgendes System in das operative Geschäft integriert. Er hat Verhaltensregeln aufgestellt wer ihn stören darf und wer nicht. Ich weiß, dass in vielen Büchern und in der historischen Literatur gelehrt wird, dass die Tür des Chefs immer auf sein sollte. Dies soll auch weiterhin so sein. Wichtig ist nur, dass du dich in der Zeit mit der Entwicklung deines Unternehmens und in der Entwicklung neuer Produkte beschäftigst. So hat oben genannter Vorstandsvorsitzender eine Art Wartezimmer bzw. ein Sprechstundensystem eingeführt. Mitarbeiter können zum Beispiel montags, mittwochs und freitags von 15:30 Uhr bis 17:00 Uhr eintreten. In allen anderen Fällen müssen sich die Mitarbeiter an die Assistenten wenden.

Wichtig bei diesem System ist, klar zu kommunizieren, warum die neuen Sprechstunden eingeführt werden. Es darf nicht den Anschein erwecken, dass du zu beschäftigt bist. Im Gegenteil, erläutere, dass du durch die täglichen operativen Aufgaben nicht mehr die Möglichkeit hast, dich intensiv mit der Entwicklung zu beschäftigen. Damit die Arbeitsplätze auch zukünftig in zehn Jahren gesichert sind, wirst du dir daher Zeitblöcke einplanen, an denen du nicht gestört werden möchtest. Für Notfälle besteht jederzeit und weiterhin die Möglichkeit, die Assistentin zu kontaktieren.

Bitte vergesse hier alles zum Thema Multitasking, was dir beigebracht wurde. Es ist zwar richtig, dass das menschliche Gehirn in der Lage ist, zwischen Themen hin und her zu springen, aber es ist wissenschaftlich bewiesen, dass wir nicht parallel mehrere Aufgaben gleichzeitig mit Denkvermögen bearbeiten können. Die neuesten neurologischen Studien beweisen eindeutig, dass es produktiver ist, sich pro Zeitblock mit nur einem Thema zu beschäftigen. Man geht davon aus, dass man durchschnittlich 13 Minuten benötigt, um einen sogenannten *Flow-Zustand* zu erreichen. Dieser ist zwar nicht wissenschaftlich bewiesen, jedoch kennt jeder von uns diesen genannten Zustand, in dem wir eine Aufgabe, für die wir mehrere Stunden eingeplant haben, in kürzester Zeit bearbeitet haben. Wenn du in diesem Zustand immer wieder durch externe Impulse herausgerissen werden, dauert es jedes Mal die 13 Minuten, um produktiv dort weiterzumachen, wo du aufgehört hast.

Eine Sparkasse wollte den Servicebereich produktiver gestalten. Diese Sparkasse beschäftigte 60 Service-Berater, die an vorderster Front Kundenanfragen persönlich bearbeiten. Der Arbeitgeber beschäftigte durchschnittlich vier Personen gleichzeitig in einer Filiale und stellt diesen drei Tresen zwecks Beratung zur Verfügung. Das bisherige System sah so aus, dass die Mitarbeiter an ihrem Schreibtisch saßen und aufstanden, sobald ein Kunde zum Schalter kam.

Da ein systematisches Schema fehlte, beschlossen die Service-Kräfte sich die Tresen untereinander fest zuzuordnen. Das führte dazu, dass Servicekraft A immer dann zum Schalter geht, wenn ein Kunde am linken Tresen stand. Um den Kunden zu beraten und um den Engpass des Kunden zu lösen, musste sie sich an ihrem Arbeitsplatz abmelden und am Tresen neu anmelden. In meiner IST-Analyse musste ich feststellen, dass eine Vollzeit-Servicekraft sich täglich durchschnittlich 46-mal ab und anmeldet und ihre täglichen Aufgaben am Schreibtisch durchgehend von Kunden am Tresen unterbrochen wurden. So kann es sein, dass die Beantragung einer Kreditkarte am Schreibtisch, welcher Prozess durchschnittlich acht Minuten benötigt, nun durch mehrere Unterbrechungen 32 Minuten dauert. Weiterhin wurde die Liste mit den abzuarbeiten Aufgaben durch immer neue Kundenanfragen immer länger anstatt kürzer.

Was wir gemeinsam erarbeitet und in das Filialnetz integriert haben, ist nun ein Springersystem. Ein Mitarbeiter stellt sich für drei Stunden am Tag an einen festen Tresen und ist nur für die Kundenanfragen zuständig. Einem Mitarbeiter wird die Sachbearbeitung in diesem Zeitraum zugeordnet und erhält die Springerfunktion, die beinhaltet, dass er der erste Mitarbeiter ist, der unterstützend an den Schalter geht. Der dritte Mitarbeiter kümmert sich allein um die Bearbeitung der Kundenaufträge, wobei er eingehende Telefonanrufe annimmt. Im nachfolgenden Zeitblock wird dann rotiert.

Nun aber zur größten Waffe gegen Ablenkung: Du führst den sogenannten Tunnel ein. Nun, was ist der Tunnel? Gerne gebe ich dir einen Kontakt von bisherigen Klienten, die dir hier die Angst davor nehmen und dir von den positiven Geschehnissen berichten. Der Tunnel ist die Zeit in deinem Unternehmen, die du fix für alle definieren wirst. In den meisten Unternehmen ist dies eine Zeit von 10:00 Uhr morgens bis 12:00 Uhr mittags. Dies gilt natürlich nicht für dein Supportteam, für das Kundencenter und für zum Beispiel Filial-Mitarbeiter.

Primär ist dies eine sinnvolle innovative Herangehensweise für Kreativ-Arbeit. In dieser Zeit sollen sich alle konzentriert auf die Arbeit fokussieren. Kein Mensch der Welt ist in der Lage acht Stunden am Tag produktiv zu arbeiten. Meine These ist, dass wir in drei Stunden am Tag 99 % unserer Aufgaben gelöst bekommen. Zu oft werden wir jedoch durch Telefonate, wir haben hierfür bereits eine Regel dafür definiert, E-Mails, dafür habe schon eine Regel definiert und von Small Talk gehindert pro aktive Aufgaben auszuführen. Ich hatte ja auch schon erzählt, dass E-Mails erst ab 12:00 Uhr freigeschaltet werden. Der Grund ist also der Tunnel. Mitarbeiter werden so gezwungen, vorher aufs Klo zu gehen, natürlich dürfen diese auch bei dringenden Erfordernissen weiterhin auf Toilette gehen, sollen sich vorher mit Kaffee eindecken, keine Meetings durchführen und somit folgt eine zweistündige Phase der unternehmensweiten Ruhe und Konzentration ohne jegliche Ablenkung.

Durch das Projektmanagement-Tool und Microsoft Outlook kann sich jeder eine To-do-Liste schreiben. Ich empfehle hier diese Liste jeden Abend vor dem wohlverdienten Feierabend zu verfassen. Fehlen mir zum Beispiel noch Informationen zum Abarbeiten von Aufgaben, kann ich diese in diesem Zeitintervall nicht lösen. Da ich jedoch meine Aufgaben schon am Tag vorher plane, kann ich mir die fehlenden Informationen besorgen, ohne einen anderen Mitarbeiter aus seiner geplanten Aktivität herauszuholen. In diesen zwei Stunden gibt es also keine Anrufe, E-Mails oder Mitarbeiter, die in dein Büro rennen, sondern Mitarbeiter mit Fokus, mit geräuschreduzierenden Kopfhörern und dem Wissen, dass in dieser Zeit fast 40 % der maximalen Arbeitszeit proaktiv an Unternehmenszielen gearbeitet wird.

Nach dem Ende des Tunnels können dann die Mitarbeiter in die Mittagspause, Meetings durchführen und die E-Mails werden freigeschaltet. Das Verhältnis von aktiver und proaktiver Bearbeitung an den Unternehmenszielen passt nun zum Reagieren von externen Impulsen. Glaub mir, du wirst es nicht bereuen. Und um dir die Angst davor zu nehmen:

Jeder von uns kennt es. Im Home Office sind wir oft produktiver, weil uns externe Impulse nicht von der geplanten Aktivität abhalten. Man arbeitet konzentriert an einer Aufgabe, man schaut nicht auf die Zeit, man wird nicht abgelenkt und auf einmal wird einem klar, dass die Aufgabe in zwei Stunden vollständig erledigt wurde und man ist erschrocken, dass die Zeit so schnell verflogen ist. Dieses Gefühl wollen wir systemisch in dein Unternehmen für alle Bereiche integrieren.«

Führung: Aus Theorie wird Praxis:

»Bevor wir uns das nächste Mal mit dem Thema Führung beschäftigen, möchte ich zuletzt einen Engpass bei dir langfristig eliminieren. Und dieser Engpass heißt Gesundheitsquote.

Langfristige krankheitsbedingte Abwesenheiten können jeglichen Plan zunichtemachen. Ich habe ungefähr schon 30 Unternehmen kennengelernt und bisher kein einziges davon hatte diesen Engpass nicht. Daher ist es mir wichtig, dir aufzuzeigen, was man dagegen tun kann.

Es gibt eine kleine Anzahl an Unternehmen, die ich seit Jahren intensiv analysiert und untersucht, die Strategien adaptiert, theoretische Modelle aus deren aktuellen Führungskulturen erarbeitet habe und die ich gerne als Praxisbeispiel für innovative Führung innerhalb von Startup bis hin zu börsennotierten Unternehmen nenne.

Unter anderem gehören dazu *Netflix* und *Trivago*. Wahrscheinlich hättest du gedacht, dass ich Google nun nenne, aber selbst Google könnte sich von diesen Unternehmen noch etwas abgucken.

Die erste geniale Idee ist das Büro für Kranke. Die Idee dahinter ist, dass ein Mitarbeiter lieber zu Hause bleibt, weil er Angst hat, seine Mitarbeiter im Großraumbüro anzustecken. Eigentlich möchte der Mitarbeiter gerne arbeiten, weiß aber ganz genau, dass er die anderen Mitarbeiter nerven würde bzw. sie ihn direkt nach Hause schicken würden, damit er sich erholen kann. Wichtig dabei ist natürlich, dass ein kranker Mitarbeiter auch zu Hause bleibt! Es geht hier lediglich darum, Mitarbeitern die Möglichkeit zu geben, zumindest ein paar Stunden bei einem Schnupfen arbeiten zu können.

Durchschnittlich kostet ein Krankheitstag dem Unternehmen ca. 360 bis 580 Euro. Dies kommt durch den Ausfall, das anteilige Gehalt für diesen Tag und dessen Vertretung zustande. Ein Mitarbeiter fehlt durchschnittlich 16 Tage im Jahr. Rechnen wir nun mit dem Durchschnitt von 470 Euro pro Tag mal 16 Krankheitstage im Jahr so ergibt sich ein Fehlbetrag von 7.520 Euro pro Mitarbeiter pro Jahr. Rechnen wir nun mit einem Unternehmen, welches die Durchschnittsmitarbeiteranzahl von 120 Mitarbeiter beschäftigt, so ergibt sich ein kalkulatorischer Fehlbetrag pro Jahr für Krankheitstage in Höhe von 902.400 Euro.

Schafft das Unternehmen die Krankheitstage von durchschnittlich 16 auf zehn Tage zu reduzieren, so spart das Unternehmen pro Jahr 338.400 Euro. Es gibt viele Unternehmen, die ein Bonussystem integriert haben und zum Beispiel 300 Euro pro Quartal auszahlen, wenn ein Mitarbeiter nicht krank war. Diesen Ansatz finde ich nicht gerade förderlich, möchte dies aber auch nicht weiter thematisieren. Stattdessen finde ich das Büro für Kranke eine mehr als geniale Lösung. Das Unternehmen bietet seinen Mitarbeitern an, bei Krankheit drei bis vier Stunden täglich anstatt acht Stunden täglich in einem separaten Büro zu arbeiten, welches man sich online buchen kann und in dem nur der eine Mitarbeiter arbeitet. Um die Gesundheit bzw. den Krankheitsverlauf positiv zu beeinflussen, ist dabei natürlich sehr wichtig, die Mitarbeiter nicht den vollen Stundensatz pro Tag arbeiten zu lassen. Der große Vorteil ist also, dass das Unternehmen nicht ganz auf den Mitarbeiter verzichten muss, der Mitarbeiter einen Teil seiner Arbeit trotzdem erledigen kann und die anderen Beschäftigten nicht in deren Arbeit gestört oder gar angesteckt werden.

Ein weiterer genialer Ansatz ist, dass der Geschäftsführer von Netflix kein eigenes Büro mehr hat. Es gibt zwar einen Konferenzraum, der ihm für Meetings und für externe Kunden zu jeder Zeit zur Verfügung steht, jedoch arbeitet er mithilfe seines Laptops mobil und arbeitete jeden Tag in einer anderen Abteilung an einem anderen Arbeitsplatz. Dadurch erhält er die Möglichkeit mit seinen Mitarbeitern direkt zu agieren, Informationen zu erhalten und sich nicht als oberstes Gremium unnahbar zu zeigen.

Eine kleine Randnotiz hier: In jedem Organigramm steht bisher die Geschäftsführung in der Hierarchie ganz oben. Ich erachte es für sinnvoller hier den Kunden hinein zu zeichnen.

Auch kann die Gehaltsstruktur für eine überdurchschnittliche Krankheitsquote verantwortlich sein. Folgender Vorschlag: Die Gehaltsstruktur orientiert sich auf die jeweilige vakante Stelle, jedoch nur auf drei Faktoren. Es wird nicht darauf geschaut, wie viel der Mitarbeiter beim letzten Arbeitgeber verdient hat oder wie viel seine anderen Kollegen verdienen, sondern nur auf diese drei folgenden Faktoren: Wie viel Erfahrung bringt der Mitarbeiter mit und inwieweit könnte er sein Gehalt refinanzieren? Was bietet die aktuelle Konkurrenz? Was würde es uns kosten, die Stelle neu zu besetzen zuzüglich der Kosten für den Prozess der Neubesetzung sowie des Ausfalles?

Normalerweise geht man betriebswirtschaftlich davon aus, dass ein neuer Mitarbeiter in seiner Stellenfunktion neu angelernt werden muss und daher nicht ab dem ersten Arbeitstag die 100-prozentige Erfüllung seiner Aufgaben erbringen kann. Die Theorie lehrt uns, dass der Mitarbeiter im ersten Monat 60 % Leistung bringt, im zweiten Monat 80 %, im dritten Monat 90 % und erst im vierten Monat 100 %. Also wie schaffe ich es, dass der Mitarbeiter schon vor dem vierten Monat seine Leistung voll erbringt?

Es entscheidet sich oft in den ersten zwei bis drei Monaten, ob ein Mitarbeiter innerhalb seiner Probezeit gekündigt wird oder nicht. Objektiv bewerten kann man dies aber ja eigentlich erst nach diesem theoretischen Modell nach vier Monaten, oder? Was hier gemacht wird, ist das dem Mitarbeiter im ersten Monat 100 % des Gehaltes ausgezahlt werden, im zweiten Monat 120 %, im dritten Monat 110 %, und im vierten Monat wieder 100 %. Warum wird das gemacht? Zum einen entstehen oft neue Kosten für den Mitarbeiter im privaten Bereich, zum anderen möchte man die Mitarbeiter dazu motivieren sich in kürzester Zeit in die Aufgaben einzuarbeiten und seine Arbeitstätigkeit zu integrieren.

Was mir dabei einfach wichtig ist, ist es dir zu zeigen, dass man alles hinterfragen kann. Du hast schon gelernt, dass der Achtstundentag aus der Industrialisierung stammt. Doch ist nicht mehr die Zeit der Industrialisierung! Wenn ich irgendwann ein Unternehmen gründen sollte, würde ich alles hinterfragen. Da ich meinen Mitarbeitern das produktive Arbeiten beigebracht habe, müsste es kausal ja nicht mehr notwendig sein, dass die Mitarbeiter acht Stunden am Tag arbeiten, oder? Natürlich ergibt es betriebswirtschaftlich Sinn, da ich den fixen Lohn bezahle und das Maximum daraus an Arbeitsleistung erhalten möchte, jedoch befinden wir uns in einem Nachfrageüberhang von geeigneten potenziellen Bewerbern und somit einem Fachkraftmangel.

Meine Mitarbeiter würden 35 Stunden die Woche arbeiten und 35 Tage im Jahr Erholungsurlaub bekommen. Für mich gilt die Arbeitszeit als Strafe. Verbindlich im Vertrag werden 40 Stunden die Woche festgehalten, jedoch müssen alle nur 35 Stunden die Woche arbeiten. Anstatt nun sehr produktive Mitarbeiter zu erlauben, den nächsten Monat nur 35 Stunden die Woche zu arbeiten, dürfen alle im nächsten Monat 35 Stunden die Woche arbeiten und unproduktive Mitarbeiter werden als sogenannte Strafe auf 40 Stunden verdonnert. Ist jemand oft krank? Dann greifen die 40 Stunden! Dies hilft dabei, dass die Mitarbeiter sich daran erinnern, produktiv arbeiten zu müssen und können niemand anderen die Schuld geben, dafür, dass sie im nächsten Monat länger als die anderen arbeiten müssen. Andersrum würde es immer eine Neidkultur geben, warum Mitarbeiter XY nächsten Monat weniger arbeiten muss, als man selber.

Auch beim Erholungsurlaub habe ich eine andere Herangehensweise. Zu oft müssen Mitarbeiter in Abteilungen den gesamten Jahresurlaub vorausplanen. Aber es heißt Erholungsurlaub. Woher soll ich wissen, wann ich im Jahr nach Perioden und Intervallen vom intensiven arbeiten an Projekten erschöpft sein werde? Daher habe ich es bisher so gehandhabt, dass Mitarbeiter ihren Urlaub nur zu 50 % für voraus geplante Reisen und Familienfeiern nach privatem Ermessen einreichen müssen. Den Rest dürfen die Mitarbeiter dann nehmen, wenn sie sich wirklich erschöpft fühlen. Hier greift oft die These des Abteilungsleiters, dass ja immer jemand anwesend sein müsste und die Koordination von Abwesenheiten nicht ohne Planung funktioniere. Das ist Blödsinn! Der Abteilungsleiter kann dies ganz einfach an die Abteilung delegieren. Es herrscht eine klare Ansage, dass eine Abwesenheit nur dann möglich ist, wenn die Abteilung so personell besetzt ist, dass die Unternehmensziele weiterhin verfolgt werden können und die operativen Aufgaben bearbeitet werden. Sollte es die Abteilung nicht schaffen dies zu koordinieren, so wird der Urlaub 35 Tage auf 30 Tage für alle reduziert. Hier greift das Gesetz von Angebot und Nachfrage sowie vom Gesetz, dass sich der Markt schon ganz alleine regelt. Möchte ein Mitarbeiter immer Weihnachten freihaben, so werden ihn die anderen Mitarbeiter darauf hinweisen, dass dieser die letzten Jahre auch schon Weihnachten freihatte und nun jemand anderes dran ist. Möchten zwei Mitarbeiter gleichzeitig Urlaub haben, so müssen diese das bilateral klären. Du selber könntest doch auch keine rationale Entscheidung treffen. Der eine muss jetzt Urlaub nehmen, der andere das nächste Mal oder zeitversetzt. Wenn du dich als Führungskraft entscheidest, wird einer von beiden enttäuscht sein. Wenn beide aber wissen, sich einigen zu müssen, wird es ein Ergebnis geben, was man dir nicht negativ anhängen kann, denn du bist die Führungskraft und bestrafst ansonsten beide mit weniger Urlaub im Folgejahr.

Michael, ich glaube wir haben heute einiges geschafft, um dich auf das nächste Level zu bringen. Der nächste große Block wird sich mit dem Thema Führung und deinem Privatleben beschäftigen. Dann habe ich dir alles lehren können, um erfolgreich und produktiv zu arbeiten. Meine Assistentin wird dir einen Termin schicken und ich freue mich auf das nächste Treffen bei dir in deiner Firma.«

»Heute wird es einen Meilenstein bei dir geben, lieber Michael.

Als allererstes möchte ich dir eine grundlegende Regel zum Thema Führung näherbringen. Du bist nicht für alle Aufgaben zuständig, sondern verantwortlich! Deine Aufgabe als Führungskraft ist es zu coachen, dass

Delegieren zu delegieren und dafür zu sorgen, dass das operative Tagesgeschäft ohne dich läuft.

Wenn du bis dato damit deine Zeit verschwendet hast, Aufgaben zu delegieren und zu kontrollieren, jegliche Engpässe deiner Mitarbeiter zu lösen, als Feuerlöscher in deiner Abteilung herumzulaufen und dich unabdingbar zu fühlen, dann lass dich belehren, dass dies der völlig falsche Ansatz ist.

Nehmen wir an, ein Mitarbeiter kommt zu dir und sagt, ‹Chef, wir haben ein großes Problem›. Der erste Fehler ist, dass der Mitarbeiter sagt, dass wir ein Problem haben. Dies ist falsch. Der Mitarbeiter hat ein Problem. Natürlich fühlt man sich machtvoll und gebraucht, wenn Mitarbeiter zu einem kommen und Lösungen präsentiert haben wollen, aber dies ist die Aufgabe des Mitarbeiters. Mitarbeiter dürfen nur zu dir kommen, wenn sie den Engpass genauestens formulieren können, sich mit Alternativen auseinandergesetzt haben und drei Lösungsvorschläge erörtern können. Nun ist es deine Aufgabe die richtige Entscheidung zu treffen, die du natürlich, nachdem wir alles gelernt haben, erst dann triffst, nachdem dein Mitarbeiter eine Empfehlung abgibt, weil du ihn gefragt hast was er machen würde, wenn dies sein Unternehmen wäre.

Die Mitarbeiter machen es sich heutzutage zu leicht den Chef auszunutzen und erhalten zu oft eine Win-Win-Situation, weil sie sich zu einem Thema keine Gedanken machen müssen und der Chef sich gleichzeitig gebraucht fühlt.

Mir ist daher wichtig, dir mein Mindset von guter Führung näherzubringen. Daher steigen wir direkt in die Theorie ein. Dein Ziel muss es also langfristig sein, dass deine Abteilung genauso gut funktioniert, wenn du nicht da bist, als wärst du da. Merkst du, dass deine Mitarbeiter immer noch zu viel bei dir nachfragen, so musst du eine systemische Lösung entwickeln, die es dir ermöglicht, dass Mitarbeiter Antworten zu Fragen in Handbüchern notieren, zu Schulungen gehen oder sich gegenseitig unterstützen. Deine Rolle ist es also, systemische Lösungen zu entwickeln und den Informationsfluss produktiver zu gestalten. Aber kommen wir zur Theorie.

Nun, als Erstes stellt sich die Frage, was Führung überhaupt bedeutet? Fragt man zehn Leute, dann erhält man nie direkte und gleiche Antworten. Außerdem gibt es einen Unterschied zwischen Handlungsmodell und Wahrnehmungsmodell. Natürlich könnte man ihnen eine Liste geben, die 100 verschiedene Fälle beinhaltet, mit jeweiligen Handlungsoptionen. Oder ich zeige ihnen, wie sie mithilfe ihrer Wahrnehmung ein Modell erhalten, das ihnen instinktiv die richtige Handlung suggeriert.

Wir sprechen immer von drei Metamodellen.

Nicht, was ist Führung, sondern wozu dient Führung? Wofür ist Führung die Lösung für ein Problem? In der Psychologie sprechen wir von vier emotionalen Basismodellen: Stimulanz, Dominanz, Balance und Sicherheit. Um zu verstehen, wann man welches emotionale Instrument nutzt, müssen wir uns anschauen, wie Führung überhaupt entstanden ist. Dies wird der mit Abstand wichtigste Teil deines Learnings beim Thema Führung.

Dazu werfen wir einen Blick auf die Hierarchiestufen bei den Primaten. Der Nutzen in einer Gruppe zu leben, muss demnach hier größer sein, als Nachteile mit sich bringen. Jetzt wirst du sagen, natürlich hat sich die Welt verändert und das ist auch richtig, aber was sich nicht geändert hat, ist, dass 70 bis 99 % unserer täglichen Handlungen unbewusst stattfinden. Am Anfang musstest du bewusst lernen, wie Autofahren funktioniert, wie man einen Gang einlegt und wie man das Auto anfährt. Nun kannst du unbewusst Auto fahren, weil die einzelnen Handlungen instinktiv vorgenommen werden. Früher kam Stress auf, wenn ein Tiger das Leben gefährdet hat, heute wenn der Prüfer kommt. War es erfolgreicher, wenn Gorillas in großen oder in kleinen Gruppen waren? Große Gruppen waren besser, weil diese Vorteile in der Verteidigung des Rudels besaßen. Untersuchungen zeigten, dass es Korrelationen zwischen der Größe des Gehirnes zur Größe der Gruppe gab. *Robin Londor* hat untersucht, wie viele Individuen eine perfekt funktionierende Gruppe benötigt. Das Ergebnis war 150 individuellen.

Ohne Führung werden sich kleine Gruppen immer spalten und innerhalb der Gruppe werden Streitereien entstehen. Also muss kausal Führung dafür da sein, diese zu beseitigen, weil die Gruppe an sich mehr Vorteile als Nachteile bringt. Interessant ist hier die Untersuchung an verschiedenen Affengruppen. Eine Gruppe Affen wurde ein Jahr lang untersucht. Der Alpha-Affe sowie die zwei Beta-Affen, die für die Führung der Gruppe verantwortlich waren, wurden aus der Gruppe genommen. Alle Streitereien wurden bisher von diesen drei Affen beseitigt. Nun, als man diese drei Affen entfernt hatte, stieg der Faktor Streit innerhalb der Gruppe um den Faktor fünf. Als man die drei Affen wieder zurück in das Rudel integrierte, ging der Faktor Streit auf den Ursprung zurück. Also ist Führung maßgeblich für die Konfliktreduzierung verantwortlich. Erst dadurch kann eine Gruppe die Vorteile des Rudels sinnvoll nutzen. Schau dir Länder wie Somalia an, dies ist ein Land ohne Führung mit extrem hoher Konfliktrate.

Nun ja, das Rudel sammelt gemeinsam Essen ein und verteidigt sich gemeinsam. Affen, die nicht mit jagen konnten, wurden vom Chef bestraft. Beim Jagen waren diese nur erfolgreich, wenn sich das Rudel an eine Strategie gehalten hat. Beim Pilze sammeln bedarf es keiner Strategie, es war wichtig, dass die Gruppe zusammen war, damit kein Verlust entstand und die Informationen weitergegeben wurde, wenn ein Affe einen guten Platz mit vielen Pilzen gefunden hatte. Wenn die Affen beim Pilze sammeln angegriffen wurden, musste das Alphatier entscheiden, ob das Rudel ebenfalls zum Gegenangriff ansetzt oder flüchtet. Würde es hier keinen Chef geben, würde man erst diskutieren und alle wären tot. Als Kollektiv gelten immer egoistische Werte, die Gruppe muss wachsen. Führen bedeutet also das gemeinsame Ziel zu verfolgen, mit dem Zweck, dem Mehrwert vom Kunden zu erfüllen.

Evolutionsbedingt ist es am effektivsten, wenn die stärksten Affen ihre Nahrung zuerst bekommen. Dadurch ist gesichert, dass die Verteidigung des Rudels höchste Priorität hat. Im Unternehmen bedeutet dies also, Ressourcen zu verteilen.

Als Nächstes lernen wir die fünf Formen der Führung kennen. Wichtig dabei ist die folgende goldene Regel: Jede neue Form ersetzt die vorherige, aber existiert weiterhin. Funktioniert eine neue Form nicht, springt man auf die vorherige zurück.

Die erste Form ist der Zwang. Wir kennen den Zwang aus der Sklaverei, im Unternehmen könnte dies sein, wenn einem Mitarbeiter gekündigt werden muss, respektive die Mitarbeiter müssen zukünftig den Kaffee zahlen, sich an feste Zeiten halten oder das Büro tauschen. Nach dem Intervall der Sklaverei folgte die freie Anstellungsmöglichkeit. Die Leibeigenschaft wurde abgeschafft. Nun konnten die Menschen ihre Anstellung frei wählen und so Aufgaben gegen Geld tauschen. Als dritte Form kamen dann die Marktänderungen und Innovation als Führung mit Zielen, also mit selbst Verantwortung. Dies nennt man auch ›EOA‹ für ergebnisorientierte Aufgaben. Als vierte Form kam nun hinzu, dass durch schnelle Veränderungen zu oft Ziele angepasst werden müssen, also dauerhaft sukzessiv neue Ziele fürs Team modifiziert werden mussten. Dadurch entstanden flexible Ziele. Das letzte Modell basiert auf der Emotionalität. Hier geht es um die emotionale Führung statt der rationalen Führung.

Nun wofür brauchen wir das?

Fast alle Führungsprobleme basieren immer auf der gleichen Hypothese. Es liegt am fehlenden Respekt. Dieser basiert allein auf Status. Daher musst du immer bei dir selbst beginnen. Wir haben schon bei den Affen gesehen, dass die Konfliktquote um den Faktor fünf sinkt, wenn ein ranghohes Alphatier vor Ort ist. Also entweder kannst du dir eine Krone besorgen oder du lernst als Abteilungsleiter richtiges Führen.

Wenn dein Status unklar ist, dann erhältst du Drohungen und deine Gruppenmitglieder sind kampfbereit. Der Status lässt sich durch Mimik und Gestik verbessern. Es gibt bei Menschen immer den inneren und externen Status. Langfristig siegt jedoch immer der innere Status. Mitarbeiter beschweren sich, um Anerkennung zu bekommen, damit dein eigener Status höher wird. Man erwartet Entscheidungen über die Erhöhung des Status von Mitarbeitern. Daher solltest du dir immer vor Augen halten, den Status anderer Mitarbeiter nie zu reduzieren, respektive diese zu erniedrigen, sondern den eigenen inneren Status stets zu erhöhen.

Früher machte man das nicht rational. Ein Affe wollte aufgrund seiner Intelligenz und seiner Stärke das Alphateam werden, ohne zu wissen, dass er dadurch Vorteile beim Geschlechtsverkehr und bei der Essensversorgung hatte. Er wusste nicht, dass er mit diesem Verhalten seine Spezies sichert. Daher ist es essenziell zu wissen, dass alle Gruppen, auch in deinem Unternehmen, nach einem Alphaführer suchen, der das Überleben der Gruppe sichert!

Aber wie können wir deinen Status erhöhen? Vielleicht kennst du beispielsweise manche Fußballer oder Promis, bei denen du weißt, dass diese ein mega Charisma haben. Früher ging dies durch die Körpergröße. In der Gesamtbevölkerung sind nur 6 % der Menschen größer als 1,90 m, bei den heutigen DAX-Unternehmen jedoch mehr als die Hälfte der amtierenden Manager.

Nun deine Größe können wir nicht beeinflussen, aber Wissenschaftler haben festgestellt, dass die Alphatiere doppelt so viel Serotonin besaßen, als andere Gruppenmitglieder. Dieses Hormon kann man selbst beeinflussen, indem man sich gesünder ernährt, sich gesund schläft und Sport treibt. Weiterhin gibt es die Möglichkeit, diesen durch Meditation positiv zu beeinflussen.

Wenn das nächste Mal jemand im Flur herumschreit, dass die Kaffeemaschine leer sei, dann rufe zurück: ›Ruhe bitte, ich kann mich so nicht konzentrieren!‹

Lasse daher niemals zu, dass ein Gruppenmitglied in deinem Rudel für das Überleben sorgt, deine Alphaposition infrage stellt und somit deinen Status reduziert.

Nun, ich gebe dir diese Form des Denkens mit, damit du dir das Modell vom Status immer wieder in Erinnerung rufst. Unser Bewusstsein ist in der Lage, 40 Bit/s verarbeiten zu können, unser Unterbewusstsein ist jedoch in der Lage 11 Mb/s verarbeiten zu können. Natürlich könntest du für jede Handlung nun eine Liste erstellen, wie du zukünftig bestimmte Dinge angehen möchtest, aber erst, wenn dein

Unterbewusstsein dieses Modell verstanden hat, wirst du es in 99 % der Fälle richtig anwenden können.

In einer Studie sollte ein Proband eine Reihe von Wörtern in der richtigen Reihenfolge auswendig lernen. Der Test bestand aus zwei Personen. Der eine musste bei einem Fehler einen Elektroschock auslösen, der andere saß auf einem Elektrostuhl und musste die Wörterreihen auswendig lernen. Diese Studie wurde 1970 vom *Professor Mildrin* durchgeführt. Die Stromstöße gingen bis 400 Volt. Das Brisante an der Studie war, dass die Testperson auf dem Elektrostuhl ein Assistent vom Professor mit hervorragenden Schauspielkünsten war.

Es sollte getestet werden, wie weit diejenige Testperson geht, welche die Stromstöße per Knopfdruck auslöst, wenn diese von einem Doktor in einem weißen Mantel beauftragt werden. Bei jedem Fehler wurde die elektrische Spannung erhöht, der Schauspieler erlitt immer deutlich höhere Schmerzen, bis er sich irgendwann nicht mehr auf dem Stuhl halten konnte. Als der Doktor die Testperson beauftragte immer weiterzumachen und immer höher zu stellen, machten zwei Drittel der Testpersonen weiter. Der Status des Doktors beeinflusste also maßgeblich die Handlung, obwohl die Mehrzahl an Testpersonen eindringlich darum bat, das Experiment aufgrund der Schmerzen der anderen angeblichen Testperson abzubrechen. Dass sie selber einfach aufhören könnten, wurde in der Entscheidung gar nicht berücksichtigt. Der Test wurde umgedreht, der Doktor bat darum, das Experiment abzubrechen, obwohl der Schauspieler im Elektrostuhl darum bat, dass weitergemacht wird. In 90 % der Fälle wurde der Test abgebrochen. Also alles war abhängig vom Status des Auftraggebers.

Nun müssen wir uns fragen, wer kann deine Ziele für dich im Unternehmen multiplizieren? Deine Abteilungsleiter! Aber sind das nun gute Fachkräfte oder Manager?

Wahrscheinlich kennst du es aus eigener Erfahrung. Der beste Verkäufer wird Abteilungsleiter oder Regionalleiter, der beste Buchhalter wird Leiter der Bilanzen und der beste Controller wird Leiter der Finanzen. Es gibt sogar Unternehmen wie Sparkassen, indem man nur befördert werden kann, wenn man seine Ziele zu 110 % erreicht. Es wird lediglich darauf geachtet, ob er die besten Ergebnisse innerhalb seiner Organisation erreicht. Es wird nicht darauf geachtet, ob er der neuen Aufgabe überhaupt organisatorisch und von der Führungskompetenz her gewachsen ist. Ich kenne viele Personen, die aufgrund dieser Systematik befördert und innerhalb kürzester Zeit wieder gekündigt oder auf die alte Stelle zurück besetzt wurden. Warum ist das so?

Viele dieser Personen nehmen die leitende Tätigkeit nur aufgrund der Gehaltserhöhung und der Reputation des Lebenslaufes an. Dies ist jedoch ein riesengroßer Denkfehler. Nur weil ein Vertriebler wahnsinnig gut verkauft, heißt dies nicht, dass er das Wissen auch an seine anderen Kollegen weitergeben kann. Er wird nun mit ganz anderen Aufgaben wie Organisation, Abrechnungen Controlling und Management sowie Führungsproblemen konfrontiert. Studien zeigen, dass 46 % aller Personen die befördert wurden, gerne in ihre alte Tätigkeit zurück möchten. Also, genial wäre es doch, wenn du deine Führungsmentalität bzw. deine Führungskultur so aufbauen könntest, dass ein Mitarbeiter bei einer Gehaltserhöhung bzw. bei einem Angebot der leitenden Tätigkeit sagt: ›vielen Dank für das Vertrauen, was Sie in mich setzen, jedoch bin ich fest der Meinung, dass das Unternehmen so viel mehr von mir hat, wenn ich in meiner bisherigen Tätigkeit bleiben kann. Darf ich Ihnen Mitarbeiter XY empfehlen, der insgeheim schon in unserer Abteilung als nicht offizieller Abteilungsleiter agiert.‹

Oft führt diese fehlerhafte Methodik dazu, dass die neue Führungskraft versagt und dadurch auch das Team. Schaue wirklich nur nach dem Stellenprofil und wer diese Skills am besten erfüllt. Wenn der Mitarbeiter so gut ist, dass du ihm eigentlich zum Abteilungsleiter befördern willst, dann gebe ihm dieses Feedback und gewähre ihm eine Gehaltserhöhung, auch wenn du ihn nun nicht als Abteilungsleiter einstellst. Er bleibt weiterhin als bester Vertriebler der Abteilung bestehen. Was spricht dagegen, wenn er mehr Gehalt bekommt als der Abteilungsleiter?

Ein Fußballtrainer kann auch nicht besser spielen als seine Spieler auf dem Platz, sondern er sorgt ausschließlich für den Sieg und für die Strategie. Er muss auch nicht alles wissen, sondern er muss wissen, wer diese fehlende Information besitzt. Er würde auch nie auf den Gedanken kommen, sich selbst einwechseln zu wollen.

Nun hast du die fähigsten Manager als Abteilungsleiter in den Schlüsselpositionen besetzt. Aber wie motivierst du diese?

Wie der Management-Experte *Ken Blanchard* gesagt hat: ›Keiner ist so klug, wie alle zusammen‹. Ich habe dieses Zitat gezielt gewählt, weil ich dir nun verdeutlichen möchte, wie der Zusammenhalt, das Teamgefühl und das Verständnis für die eigene Position maßgeblich an den Grad der Motivation beteiligt sind.

Viele Lehrbücher sprechen von der sogenannten *intrinsischen Motivation*. Hier hat die Führungsperson die Aufgabe herauszufinden, wie sich die einzelnen Personen in seinem Team motivieren lassen und wie er dieses fördern kann. Führungskräfte nennen diese Form der Führung die *transformationale Führungsmethode*. Es geht darum, in persönlichen Einzelgesprächen mit Mitarbeitern herauszufinden, welche Faktoren diesem wichtig sind.

Einflussfaktoren können sein: Lob, Kritik, Feedback, Verantwortung, Freiheit, Selbständigkeit usw. Was ich jedoch ergänzen möchte, ist das Privatleben des Mitarbeiters. Lasse mich dazu eine Geschichte erzählen. Unter meiner Führung gab es einen Mitarbeiter, der immer zu spät kam. Er machte Überstunden, saß bis tief in die Nacht am Arbeitsplatz, sah dauerhaft müde aus und aus diesen Gründen wollte ich den Kollegen für das ständige zu spät kommen abmahnen. Viele seiner Kollegen und Kolleginnen haben sich über die morgendliche Unpünktlichkeit beschwert, sodass mir nichts anderes übrigblieb. Ich konfrontierte den Kollegen mit dem Thema und er fing das Weinen an.

Was ich erfuhr war, dass er seine schwerkranke Frau pflegen musste, kein Geld für die Pflegebetreuung aufbringen konnte und morgens warten musste, bis um 9 Uhr der Kindergarten öffnet. Ich war schockiert. Mir flossen Tränen über das Gesicht und ich zitterte am ganzen Körper. Ich war schockiert, aber über mich selbst. Wie konnte ich das jahrelang übersehen? Bin ich eine so schlechte Führungskraft, die so wenig über die Probleme der Kollegen und Kolleginnen weiß? Seitdem habe ich mir geschworen einen anderen Führungsweg zu gehen. Heutzutage lade ich jeden neuen Mitarbeiter meiner Abteilungen zu einem persönlichen Gespräch ein. Dieser erhält vorab einen Fragenkatalog, was ihn motiviert, wie oft er Feedback erhalten möchte, was ihm bei der Zusammenarbeit mit mir und dem Team wichtig ist, was seine persönlichen Ziele sind und was in seinem Umfeld sowie im privaten Voraussetzung sein muss, dass er seine Aufgabe im Unternehmen übererfüllen kann.

Nach heutigen Lehrbüchern heißt es, dass Ziel der Führungskraft ist nicht zu motivieren, sondern nicht demotivierend zu sein. Ich jedoch versuche meine Teammitglieder so zu fördern, wie ich es mir selbst von meiner eignen Führungskraft wünschen würde. Dem genannten Kollegen wurde sofort angeboten sein Kind morgens bis zur Eröffnung des Kindergartens mitzubringen oder auf Wunsch eine Anpassung der Arbeitszeiten vorzunehmen. Auch verlängerte ich für ihn die

Mittagspause, damit er in der Zeit nach Hause fahren konnte, um seine Frau zu pflegen. Nun, nach den Anpassungen leistete der Kollege unglaubliche Arbeitsresultate. Was ich mit der Geschichte verdeutlichen möchte ist, dass du als Führungskraft Dinge und Taten hinterfragen musst und als Angestellter offen mit deinen Vorgesetzten über Probleme sprechen müssen. Jede Führungskraft, die mit seinen Mitarbeitern solche Gespräche führt, kann die Person genauso führen, wie du es dir selbst wünschst.

Ein weiterer großer Vorteil ist, dass Personen, die sich so glücklich und verstanden fühlen, eine deutlich geringere Wechselbereitschaft aufweisen, da du dafür gesorgt hast, dass das Privat- und Berufsleben interagiert und das nur, weil du die Rahmenbedingungen angepasst hast.

Es gibt drei Dinge, die ein Mitarbeiter braucht, damit er eine von dir delegierte Aufgabe erledigt.

1. Die übertragende Aufgabe muss einen Sinn haben.

2. Durch die Bearbeitung der Aufgabe muss der Mitarbeiter besser werden.

3. Der Mitarbeiter erhält von dir das Ziel der Aufgabe, aber keine Vorschrift des Weges.

Der größte Antrieb des Menschen ist es, bedeutend zu sein. Sorge daher ebenfalls dafür, dass dein Mitarbeiter DARF, KANN und WILL.

Gerne zeige ich dir einige Beispiele und Ideen für mögliche Motivationshilfen. Was niemals fehlen darf, sind Teamevents. Und diese bitte nicht nur einmal im Jahr, sondern quartals- oder ereignisbedingt. Geht Essen, besucht zusammen Konzerte, spielt Minigolf oder Lasertage, macht einen Ausflug, besucht andere Unternehmen oder schaut zusammen Fußball beim Grillen. Gründet in der Abteilung die Wahl des Mitarbeiters des Monats. Dieser erhält einen Wanderpokal, welchen er sich einen Monat lang auf seinen Schreibtisch stellen darf. Wer gute Arbeit leistet, hat die Chance, mit dem Vorstand zu Mittag zu essen.

Es ist egal, was du dir einfallen lässt, aber du bist keine Fachkraft. Du bist Führungskraft und hast dein Team zum Ziel zu leiten und die Mitarbeiter bei deren Entwicklung zu coachen. Wenn du zu einer Personengruppe gehörst, die das nicht kann oder ständig schlecht gelaunt ist, dann suche dir eine andere Position im Unternehmen! Ein chinesisches Sprichwort aus dem 16. Jahrhundert sagt: ›Wer kein freundliches Gesicht hat, sollte keinen Laden aufmachen‹.

Aber wie findet man externe gute Führungskräfte?

Was mir bei heutigen Auswahlprozessen auffällt, ist, dass zu viel auf den bisherigen Lebenslauf geschaut wird. Früher hat der Bewerber eine Bewerbungsmappe eingereicht und wurde entweder eingeladen oder nicht, aber heutzutage sind die Mechanismen viel ausgereifter. Es gibt mittlerweile Unternehmen, die mit Software nach geeigneten Bewerbern selektieren. So werden Keywords in die Software eingespielt und die Bewerbungen nach diesen Keywords gefiltert. Die Bewerber mit den meisten Keywords werden eingeladen. Andere Unternehmen fordern einen Freitext an, wie die Otto-Gruppe, wo ein Bewerber eine individuelle Frage beantworten muss. Was der Bewerber jedoch nicht weiß ist, dass die Software auch weitere Faktoren analysiert. So prüft diese zum Beispiel die Schreibgeschwindigkeit oder das Tippverhalten, wie lange man für den Text benötigt und ob dieser nochmal geprüft wird. Neben normalen Stellenanzeigen werden diese jedoch heutzutage oft missbraucht.

Manche Unternehmen nutzen Stellenanzeigen, um den Wettbewerbern Expansion und Wachstum zu signalisieren, andere nutzen Stellenanzeigen für Stellenabbau. Klingt paradox? Die Personalabteilung schreibt eine Stelle aus, lädt einige Bewerber ein und kommuniziert nach innen in die Abteilung, dass kein passender Bewerber gefunden wurde und die Stelle nicht neu besetzt wird. Das sind einige Beispiele, warum sich der Bewerbungsprozess stark verändert hat. Meiner Meinung suchen Personaler zu stark die *eierlegende Wollmilchsau*. Bewerber müssen genau die geforderten Skills mitbringen, die Aufgaben am besten schon seit mehr als fünf Jahren ausüben, eine dritte und vierte Fremdsprache sprechen und einen Masterabschluss mitbringen. Aber ob ein potenzieller Mitarbeiter die Motivation mitbringt sowie die essenzielle Fähigkeit unternehmerisch zu denken, dies wird nicht überprüft.

Lass mich dir eine kurze Geschichte erzählen. Josi ist ein junger Mann. Seine Familie ist arm und benötigt dringend

Geld, daher beschließt er zu recherchieren, bei welchem Job er genug verdienen würde, wenn er seine Arbeit als Firmenbester machen würde. So entschied er sich, als Automobilverkäufer zu arbeiten. Josi ging zu einem regionalen Automobilverkäufer. Er stellte sich vor und sagte den Geschäftsführer, dass er Automobilverkäufer werden möchte und dafür alles tun würde, um sein Ziel zu erfüllen. Da Josi keinerlei Erfahrungen mitgebracht hatte und nicht nachweisen konnte, dass er bereits viele Autos verkauft hatte, lehnte der Geschäftsführer die Einstellung von Josi ab. Josi wollte jedoch nicht aufgeben und fragte den Geschäftsführer, ob er nicht einen alternativen Automobilverkäufer kenne.

Der Geschäftsführer dachte nach und schickte den jungen Mann zu seinem direkten Konkurrenten. Dort bekam Josi die Chance und wurde eingestellt. Er beschäftigte sich intensiv mit Verkaufen und allen Verkaufsmethoden. Was passierte seitdem? Seitdem steht Josi im *Guinness Buch* der Rekorde. Er hat es geschafft 15 Jahre lang durchschnittlich neun Autos pro Tag zu verkaufen. Seitdem ist er der erfolgreichste Autoverkäufer der Welt und aufgrund der Provisionen Multimillionär.

Weißt du wann Jobportale die meisten Seitenaufrufe generieren? Montags um 11:00 Uhr. Dieser Fakt zeigt uns, wie unzufrieden die Mehrzahl aller Arbeitnehmer in Deutschland ist. Wenn du also Stellenausschreibungen online stellst, schreibe sie montagmorgens aus bzw. automatisiere die vakanten Stellen so, dass diese erst montagmorgens online geschaltet werden.

Wenn du eine Stelle besetzen willst, suche nach einem *A-Mitarbeiter*. Wahrscheinlich kennst du die Theorie der *ABC-Mitarbeiter*. A-Mitarbeiter sind diejenigen, die über ihre eigene Position hinausdenken, dass Unternehmen voranbringen wollen, andere Mitarbeiter motivieren, als Beispiel vorausgehen und immer mehr geben bzw. die Erwartungen immer übererfüllen. B-Mitarbeiter sind diejenigen, die genauestens das Stellenprofil erfüllen. Sie machen ihre Arbeit zu 100 % genau, sie erfüllen die Erwartungen, aber leisten auch nicht mehr als erwartet. C-Mitarbeiter sind diejenigen, die innerlich schon gekündigt haben.

Aus meiner Erfahrung heraus kann ich nur empfehlen, allen C-Mitarbeitern umgehend zu kündigen, nur noch A-Mitarbeiter einzustellen und die B-Mitarbeiter zu A-Mitarbeitern zu machen. Um überhaupt A-Mitarbeiter zu rekrutieren, musst du auch einen A-Mitarbeiter für das Recruitment verantwortlich machen. In den meisten Bewerbungsprozessen dauert eine Stellenbesetzung zwei bis drei Monate, worauf auch noch eine dreimonatige Kündigungsfrist des Arbeitnehmers folgt. Was du daraus lernen sollst ist, gute Leute immer zu recruiten und nicht erst, wenn eine Stelle vakant wird. Das gibt dir die Chance neue A-Mitarbeiter für bestehende C- und B-Mitarbeiter zu substituieren. Der Personalverantwortliche bzw. der Verantwortliche für das Recruiting spielt dabei die Schlüsselfigur in deinem neuen Unternehmen.

In einem Unternehmen hat der Vorstandsvorsitzende die Bewerbungsgespräche organisiert, welche dann von seiner

Assistentin und einem Trainee durchgeführt wurden. Keine der anwesenden Personen hatte einen psychologischen Hintergrund. Das führte dazu, dass nur berufliche Fähigkeiten und historische Tätigkeiten für die Stellenbesetzung berücksichtigt wurden. Keiner hat die Motivation hinterfragt. Wie sollst du als Chef dann sicherstellen, dass zukünftig auch wirklich nur A-Mitarbeiter eingestellt werden? Ich bin mir ziemlich sicher, dass Mitarbeiter, die wegen des Gehaltes kommen, auch wieder wegen des Gehaltes gehen werden. Daher ist es umso wichtiger, dass du die Person, die für die Neueinstellungen verantwortlich ist, besser auswählen als deine eigene Assistentin. Denke daran: »Ein intelligenter Mann stellt Menschen ein, die in einem Fachgebiet klüger sind, als er selbst.«

Beispiel:

»Ein Unternehmen hat sich auf den Handel von Zigaretten spezialisiert. Der Unternehmer bzw. der Vorstand wollten von mir wissen, was er denn tun könnte, damit seine Mitarbeiter nicht mehr so viel klauen würden. Er hatte einige Ideen selbst entwickelt, wie zum Beispiel Team-Building-Maßnahmen oder dauerhafte Personenkontrollen. Nach einem Tag, den ich vor Ort mit den Mitarbeitern verbracht habe, um diese zu befragen, antwortete ich den Vorstand, dass das Unternehmen ein anderes Problem hat. ›Wissen Sie, es ist gar kein Problem, dass Mitarbeiter klauen, denn geklaut wird immer und es wird immer eine kalkulatorische Dunkelziffer geben. Sie werden es nicht schaffen die Kennziffer auf null zu reduzieren. Was Sie tun können, ist an dem Recruiting zu arbeiten! Es stellt sich daher nicht die Frage nach den Dieben oder wie man dies verhindern könnte, sondern nach der nicht perfektionierten Personalauswahl. Sie versuchen das Symptom zu bekämpfen und nicht die Ursache.‹

Um die wirkliche Motivation bei einem potenziellen Bewerber zu hinterfragen, nutze die Arbeitgeber-Frage. Im Bewerbungsgespräch fragst du dein Gegenüber, was denn der alte Arbeitgeber über die Person sagen würde. Er wird dir eine Antwort geben, die wahrscheinlich gelogen ist. Nun bittest du dem potenziellen Bewerber darum, dir die Telefonnummer und Durchwahl seines alten Chefs aufzuschreiben, damit du im Anschluss des Gespräches dort anrufen kannst. Frage die Person noch einmal, warum sie das bisherige Unternehmen verlassen möchte. Nun erhältst du wahrscheinlich eine ehrliche Antwort.

Es gibt absolut nachvollziehbar, wenn ein Mitarbeiter mehr Gehalt fordert. Grundsätzlich geht man davon aus, dass jeder Mitarbeiter eine Liste macht, mit welchen Tätigkeiten er der Firma einen Mehrwert erbracht hat. Alternativ könnte der Mitarbeiter auch eine Liste machen, mit allen Kosten, die durch ihn gespart wurden. Solltest du selbst einmal eine Gehaltserhöhung fordern, die vom Chef abgelehnt wird, vergiss niemals die Abschlussfrage: »Was muss ich tun, damit Sie mir die Gehaltserhöhung in einem halben Jahr geben?« Dies führt dazu, dass sich der Chef nicht hinter zu schwer interpretierenden Floskeln verstecken kann.

Wenn ein Mitarbeiter mich um Gehalt gefragt hat, wurde er mit folgender Frage wieder weggeschickt: »Wenn Sie ich wären und es kommen jährlich 50 Mitarbeiter auf Sie zu und wollen jeweils 1.000 Euro mehr Gehalt, wie würden Sie sich entscheiden? Machen Sie bitte eine Liste, wie Sie Ihr Gehalt nächstes Jahr refinanzieren wollen.« Du glaubst gar nicht was passiert, wenn gute Mitarbeiter ihren Kopf benutzen. Du erhältst Verbesserungsvorschläge bzw. Kosteneinsparungen in Massen.

Natürlich ist nicht jede Idee umsetzbar, jedoch konnte ich zum Beispiel feststellen, dass mir ein Mitarbeiter folgendes gesagt hat: »Herr Maßberg, es ist so. Da die Stelle des Lagerleiters vor einem Jahr eingespart wurde, werden seitdem bei neuen Projekten gleich alle notwendigen Schrauben, Muttern und Kabel bestellt, obwohl diese im Lager vorrätig wären. Die Mitarbeiter sind einfach zu faul vom Büro in das Lager zu gehen, die Lagerbestände abzugleichen, um dann im Anschluss die Bestellung auszulösen. Dies führte dazu, dass wir ein hohes Einsparungspotenzial in den Lagerbeständen aufweisen bzw. bei neuen Projekten erst Lagerbestände aufbrauchen sollten. Im Lager liegt somit totes Kapital.« Toller Praxistipp. Gebe dem Mitarbeiter ein Ziel für ein Jahr, wenn er das Ziel erfüllt, bekommt er die Gehaltserhöhung, nicht nur ab dann, sondern rückwirkend!

Für Henry *Mintzberg*, einem kanadischen Professor für Management, gibt es drei elementare Rollen für Führungskräfte. Wichtig dabei ist, dass die Führungskraft zwischen den Rollen unterscheiden kann bzw. erkennt, wann welche Rolle bei welchem Mitarbeiter förderlich ist. Egal welche Modelle du kennenlernst, bitte verabschiede dich vom *Binärdenken*. Jeder Mensch hat verschiedene Rollen und Charaktereigenschaften. Der Vorteil liegt darin, wenn man diese denn kennt, dass man diese effektiv einsetzen kann, um das Unternehmensziel schneller zu erreichen. Zum einem gibt es die Rolle als Informator. Sie beinhaltet, dass man zentral für alle Informationen einholt und diese dann individuell, nur bei Bedarf zur Verfügung stellt. Es gibt Führungskräfte, die jegliches Wissen und Informationen einsaugen und gesammelt weitergeben, was eher kontraproduktiv ist, als hilfreich ist. Die zweite Rolle ist die interpersonelle Funktion. Diese beinhaltet, dass man ein Vorbild abgibt und als Führungskraft autorisiert wird. Die dritte Funktion ist die Rolle des Entscheiders. Darunter ist zu verstehen, dass man genauestens erkennen muss, wann du als Führungskraft eine Entscheidung fällen musst und wann du dies dem Mitarbeiter übergeben kannst.

In einer empirischen Untersuchung im Jahr 1957 hat der Management Guru *Douglas Gregor* bewiesen, dass die Produktivität bei den Mitarbeitern bis zu 21 % steigt, wenn diese mehr Entscheidungen als vorher treffen dürfen. Er nannte diese Methodik *Partizipative Führung*.

Warum ist diese Form der Mitarbeiterbindung so wichtig?

Die *Eisenberg Studie* bewies wissenschaftlich eindeutig, dass Mitarbeiter, die sich nicht mit dem Unternehmen verbunden fühlen, deutlich unproduktiver arbeiten als andere. In dieser

Studie wurden mehrere Personen in einem MRT untersucht. Das Ergebnis war, dass Schmerzen neurologisch im gleichen Hirnteil erzeugt werden, wie das Gefühl von Verlust der Verbundenheit. Warum ist das so?

Als Baby war man auf die Hilfe Dritter angewiesen, dies war überlebenswichtig. Wenn jemand weggegangen ist, so wurde uns evolutionsbedingt beigebracht nach Hilfe zu rufen. Ziel war es also, kausal zu schreien, bevor ich physischen Schmerz erleide. Daher gibt es tatsächlich neurologische Erklärungen, dass jemand, wenn er vom Partner verlassen wird bzw. Liebeskummer hat, fast identische Schmerzen aufweist.

Dieser Verlust von Verbundenheit kann auch im Unternehmen Realität werden. Ein Mitarbeiter, der sich der Gemeinschaft nicht verbunden fühlt, wird sich hilflos fühlen und im Unterbewusstsein nach Aufmerksamkeit schreien. Dieses Gefühl vor Verlust der Verbundenheit tritt meist bei Umstrukturierungen statt sowie bei der Neubesetzung der direkten Führungskraft. Wenn eine Person, die panische Angst vor Hunden hat, mit einem Hund in unmittelbarer Nähe konfrontiert wird, so aktiviert sich die *Amygdala* im Gehirn. Dieser Hirnbereich aktiviert sich ebenfalls bei Umstrukturierung im Betrieb und führt dazu, dass ein kreatives Denken unmöglich wird. Der Bluthochdruck steigt, dass Stresshormon Cortisol wird aktiviert und ein stressfreies Arbeiten ist undenkbar.

Darum ist es auch so wichtig, hin und wieder Gruppenarbeiten zu fördern. Der sogenannte *Duke Test* zeigte, dass das Arbeiten in der Gruppe dazu führt, dass sich 38 % der Gruppenmitglieder mehr dem Unternehmen zugehörig fühlen und im Anschluss bis zu 21 Tage produktiver arbeiten, als ohne Gruppenarbeit.

Jedes Problem ist eine Chance Prozesse zu verbessern und zukünftig Geld einzusparen. Du musst lernen nicht direkt die Lösungen anzupreisen, sondern die richtigen Fragen zu stellen: Ist das Problem früher schon mal aufgetreten? Wenn ja, wie war die Lösung? Gibt es einen Unterschied zu dem Problem von früher zu heute? Wer hat die Lösung damals gefunden? Wie hat sich das Problem entwickelt? Wer wurde damals informiert? Was wurde schon mal gemacht und was war das Ergebnis? Was würden Sie in meiner Situation machen? Wie würden Sie das Problem lösen, wenn Sie unbegrenzte Ressourcen zur Verfügung hätten? Was würde passieren, wenn wir gar nicht reagieren?

Erst im Anschluss wird das Problem bewertet und nach der Eisenhower Theorie selektiert. Falls dieses Problem bzw. der Engpass immer noch nicht gelöst wurde, ordne eine der folgenden Lösungsvoraussetzungen zu. Kernfrage: Was fehlt, um den Engpass zu lösen? Mögliche Lösungsvoraussetzungen: Kapazität, Zielkonflikt, Verständnis, Motivation, Führung, Technik, Wissen, Prozess, Kompetenz, Team, Schnittstelle, Akzeptanz oder Befindlichkeit?

Also, Michael, das war viel Input, aber du hast viel gelernt. Die Kombination aus allem macht dann Spaß umzusetzen. Anstatt deine kostbare Zeit nun also mit den Mitarbeitern zu verbringen, die Probleme machen und in der Firma schlecht reden, konzentrierst du dich auf die Bedürfnisse der A-Mitarbeiter und bestrafst die C-Mitarbeiter mit dem Zahlen des Cafés, festen Arbeitszeiten, der 40-Stunden-Woche und mit deiner Ignoranz.«

Extratipp:

Aufgrund des Fachkräftemangels haben wir oft einen Angebotsüberhang für Spezialisten. Aber nicht nur die Entlohnung (Hygienefaktor) ist entscheidend, sondern auch die Motivation und das Umfeld. Speziell das Umfeld kann man als Arbeitgeber direkt beeinflussen. Jeder kennt das Google Headquarter mit einem Friseur, Reinigung, freiem Essen und Sportaktivitäten. Einiges davon können Sie adaptieren und fördern. Ich empfehle daher Getränke immer kostenfrei zur Verfügung zu stellen. Auch Obst und Nüsse gehören für mich kostenfrei in die Küche gestellt. In einer Schule will niemand gerne arbeiten. Seien Sie kreativ. Hängen Sie im Eingangsbereich Fotos von jedem Mitarbeiter auf. Neue Mitarbeiter werden beim monatlichem »Get together« vorgestellt. Natürlich gratulierst du auch bei Jubiläen, Hochzeiten und Geburtstagen. Private first. Wer Geburtstag hat, bekommt den Tag lang eine Krone aufgesetzt, damit alle Bescheid wissen. Die Räume muss man nicht stumpf nach A und B benennen. Hast du ein Reiseunternehmen, dann benenne diese nach Städte. Lasse dein Geschäftsmodell in alle Bereiche fließen. Stehtische führen dazu, dass deine Arbeitnehmer weniger Rückenschmerzen bekommen. Eine Zuzahlung zum Fitnessstudio fördert die körperliche Physis deiner wertvollsten Investitionen. Der Mitarbeiter des Monats führt zum direkten Wettbewerb untereinander und fördert die Motivation. Anstatt deine Bücher zu Hause verstauben zu lassen, eröffnest du eine Firmenbibliothek. Jeder Mitarbeiter darf im Wert von XY pro Jahr Bücher bestellen und dort ablegen. So förderst du die Weiterbildung. Eine E-Mail-Adresse für Gerüchte (z.B. geruechte@firmaxy.de) sorgt dafür, dass du anonymen Flurfunk einfängst und an alle mit der richtigen Interpretation adressieren kannst. Kurz und knapp: Sei kreativ und lasse deine Mitarbeiter Ideen einreichen.

Ziele, Visionen und Werte: Leere Phrasen?

»Kommen wir nun zum letzten Punkt bevor wir dein Privatleben optimieren:

In der Management-Literatur wird immer wieder über die Wichtigkeit von Visionen, Zielen und Werten geschrieben. Lange habe ich gedacht, dass das Quatsch sei, dass sich dies mit Sicherheit irgendwelche Unternehmensberater ausgedacht haben. Mir wurde klar, dass Ziele und Visionen absolute Grundbausteine sind und definitiv in jedem Unternehmen kommuniziert werden müssen.

Hast du dich mal gefragt, was passiert, wenn du Auto fährst? Wie war es früher, bevor du noch nicht Auto fahren konntest? In der Fahrschule hast du gelernt, wann du welchen Gang einschalten musst und wie du die Kupplung zu betätigen hast. Mittlerweile nimmst du sie gar nicht mehr wahr bzw. agierst du gar nicht mehr bei vollem Bewusstsein. Mit der Zeit hast du gelernt instinktiv zu handeln. Warum ist das so?

Es ist neurologisch bewiesen, dass 70 bis 99 % aller Handlungen unbewusst durchgeführt werden. Wenn du morgens ins Badezimmer gehst, greifst du wahrscheinlich auch als Erstes zur Zahnbürste, oder? Diese Thematik kann man auch in das Business integrieren.

Ein Beispiel: Ziel eins ist, dass dein Unternehmen hohe Renditen erwirtschaftet, um in den nächsten zwei Jahren ein Buy-out herbeizuführen. Ziel zwei ist, dass du das Unternehmen so aufbauen willst, dass du noch jahrelang davon profitieren wirst. Nehmen wir nun an, dass sich ein Großkunde über die aktuelle Lieferung beschwert hat. Glaubst du, unabhängig davon, dass die Kundenzufriedenheit die maßgebende Kennziffer im Unternehmen sein sollte, dass der Mitarbeiter unterschiedlich mit der Beschwerde bzw. der Lösung umgehen würde, wenn ihm das Ziel des Unternehmens bekannt wäre? Wenn das Ziel bzw. die Vision des Unternehmens nicht bekannt sind, ist es uns unmöglich, sich richtig zu entscheiden.

Nach neuesten Erkenntnissen ist klar, dass 85 % der Belegschaft keine emotionale Bindung zum Unternehmen haben, 71 % würden jedoch nach einem Lottogewinn weiterarbeiten. Suche dir also Mitarbeiter, die die gleichen Visionen teilen und mache dein Unternehmen so attraktiv, dass deine Mitarbeiter auch nach einem Lottogewinn für dich weiterarbeiten würden.

Ich würde meinen Mitarbeitern nur das Ziel setzen, zum Beispiel pro Tag fünf Beratungsgespräche durchzuführen. Wenn ich tatsächlich gute Mitarbeiter habe, so wird er mindestens bei drei von den fünf Gesprächen einen Abschluss erzielen, der im Gegensatz zu der bisherigen Zielvereinbarung tatsächlich am Bedarf des Kunden orientiert ist. Am Jahresende werden dann zehn Kunden gebeten die Mitarbeiter zu bewerten. Anhand dessen wird dann die Prämie gezahlt. Warum ergibt das nun mehr Sinn? Unter anderem, weil Mitarbeiter unter Druck nicht arbeiten können.

Der zweite Grund basiert auf reiner Logik. Nehmen wir an, du verkaufst Bagger. Dein Jahresziel ist es, sechs Bagger zu verkaufen. Wenn du das schaffst, bekommst du 10.000 Euro Bonus. Nun ist es Oktober und das Jahr ist fast um. Das letzte Quartal ist angebrochen. Du hast schon alle sechs Bagger erfolgreich verkauft? Bekommst du einen extra großen Bonus, wenn du auch noch den siebten Bagger verkaufst? Nein. Wenn du einen siebten Bagger verkaufst, wird dein Chef das Jahresziel im nächsten Jahr mit Sicherheit auf sieben Bagger anheben. Also nutzt du die letzten drei Monate, um Informationen für potenzielle Kunden zusammenzustellen, damit du diese direkt in der ersten Januarwoche ansprechen kannst. Nun was hat der Chef davon? Wäre er intelligenter gewesen und hätte mit dir zum Beispiel vereinbart, dass du 3.000 Euro Provision pro verkauften Bagger erhält, so hätte sich der Chef vielleicht über zwei mehr verkaufte Produkte gefreut. Mit diesem Beispiel möchte ich deutlich machen, wie viele Unternehmen die Macht von Zielvereinbarungen unterschätzen und die Unternehmensziele einfach ohne nachzudenken vorgeben.«

KPI, ROAS ... das Dilemma von Kennzahlen:

»Um also weniger Zeit mit dem Controlling zu verbringen und die einzelnen Abteilungen zu kontrollieren, kannst du das System von OKR einführen. OKR steht für Objectives and Key Results. Dieses Tool wurde von Google entwickelt und von Zalando sowie Trivago adaptiert. Es funktioniert wie folgt:

Als Unternehmer machst du eine Jahresplanung inklusive Zielvorgaben. Mittels des Pareto-Prinzips konzentrierst du dich dabei auf die wesentlichen Elemente. Die Ziele des Unternehmens werden nun im Verhältnis des Umsatzes auf die Abteilungen heruntergebrochen. Jede Abteilung erhält somit das Ziel als OKR. Auch hier bricht der Abteilungsleiter die Abteilungsziele auf die jeweiligen Mitarbeiter herunter.

Wichtig ist nun, dass er die Ziele vom Unternehmen mit den Zielen der Abteilung ergänzt, priorisiert und gewichtet verteilt. Idealtypisch ergibt sich ein Verhältnis von 40 % Unternehmenszielen und 60 % Abteilungszielen. Jede Abteilung hat so die Möglichkeit, seine eigene Leistung controllen zu können und zu sehen, wie seine Arbeitsleistung einen Mehrwert zum unternehmerischen

Erfolg bringt. Die Abteilungsleitungsziele dienen dazu, die aktuellen Projekte ebenfalls transparent darzustellen. So könnte das für das Marketing bedeuten, 100.000 Euro weniger in Facebook Werbung zu stecken. Der Abteilungsleiter kann also hier das Ziel auf die Mitarbeiter herunterbrechen, indem er das Ziel weiter selektiert und runterbricht. Die Mitarbeiter bekommen also die Aufgabe, Facebook detailliert zu analysieren, die Kampagnen zu vergleichen, innovative Dinge zu testen und die richtigen Kunden einzukaufen. Eine Abteilungsaufgabe könnte sein, ein neues Tool einzuführen oder eine neue Landingpage zu bauen. Dieses System wird pro Quartal neu geplant und alle OKR werden transparent für alle in einer Datenbank ersichtlich gemacht. Dies führt kausal dazu, dass ein Nenner für alle entsteht und man gemeinsam an den Zielen arbeitet, ohne sich im operativen Tagesgeschäft aufzuhängen.

Hierzu noch zwei einfache Beispiele: Nehmen wir an, dass der Außendienst und der Webshop jeweils einen OKR bekommen. Ziel ist es beiden den Umsatz um 20 % zu steigern, ohne mehr Aufwendungen dafür zu benötigen. Aus der beruflichen Erfahrung kann ich sagen, wie überfordert viele Abteilungsleiter mit einer solchen Aufgabe sind.

Der Engpass ist: Wenn ich das Ziel vorgebe, 5 % Steigerung zu erfüllen, dann ist dies keine Herausforderung. Bei dem Ziel der 5 % Steigerung vom Umsatz wird der Input der Abteilung gering sein, da man hofft, dass das Ziel auch organisch ohne große Denkarbeit erreicht wird. Daher ist es essenziell wichtig Ziele zu vergeben, die eine Herausforderung bilden und die Abteilung aus der Komfortzone herauslockt. Erst bei einem Ziel von beispielsweise 20 % entsteht ein Problem: Wie erreiche ich dies?

Nun bleibt dem Verantwortlichen nichts Anderes übrig, als sich mit diesem Engpass auseinanderzusetzen und einzelne Aktivitäten und Maßnahmen zu planen.

Um das zu vereinfachen, hilft uns wie immer die Mathematik. Hat der Außendienst das Ziel 20 % mehr Umsatz zu machen, würde ich eine mathematische Formel erstellen: Anzahl an Neukunden mal Umsatz pro Neukunde plus Anzahl an reaktivierten Bestandskunden mal Umsatz pro Bestandskunde. Nun habe ich vier Variablen, die ich beeinflussen kann. Man könnte die Anzahl an besuchten Kontakten im Außendienst pro Stunde erhöhen oder versuchen den durchschnittlichen Warenkorb pro Kunde zu erhöhen. Ich könnte versuchen, die Bestandskunden mit einem Gutschein zu aktivieren, etwas zu kaufen. Ich glaube, du weißt, worauf ich hinaus will. Ist es das Ziel mehr Ware auszuliefern, so könnte die Formel lauten: Anzahl an Auslieferung pro Stunde mal produktiver Auslieferungszeit. Handlungsempfehlungen könnten so sein, die Tourenplanung zu optimieren oder die Einlagerungszeit zu reduzieren.

Beim Webshop könnte dies wie folgt aussehen: (Anzahl an Besuchern auf der Webseite mal Qualitätsfaktor (Interessenten, Informationssuchende oder

Kaufabsichten?) mal CPA (Cost per Acquisation) plus (Anzahl gekaufter Produkte mal durchschnittlicher Warenwert oder durchschnittliche Marge mal Cross Selling) plus (After Sale Selling up mal Anzahl Wiederkäufer mal durchschnittlicher Warenwert).

Daraus ergeben sich eine Vielzahl an Variablen. Ich könnte versuchen mehr Interessenten zum Kauf zu bewegen, die Kunden preiswerter einzukaufen, die Zahl der verkaufen Produkte zu erhöhen, den durchschnittlichen Warenkorb zu erhöhen, die Preise erhöhen, die Marge erhöhen, dass Cross Selling zu optimieren, einmal Käufer zu Wiederkäufer zu transferieren usw. und sofort.«

Privatleben: Tages-Routinen für den Erfolg

»Nun haben wir es geschafft, dich komplett aus dem Unternehmen herauszunehmen. Beschäftigen wir uns nun mit einer privaten Situation.

Also, Michael, ich attestierte dir eine gewisse Kaufkraft, denn du hast das erste Buch von mir gelesen und bist erfolgreicher Unternehmer. Dies macht vieles einfacher. Ich gebe dir gerne ein paar Beispiele, wie ich das handhabe.

Was haben *Warren Buffet, Bill Gates, Steve Jobs und Tim Ferriss* gemeinsam? Sie sind morgendliche Routinen gewohnt. *Steve Jobs und Kim Dot Com* (Mega Upload.com) gingen sogar so weit, dass diese sich 20 Mal die gleichen Klamotten gekauft haben, damit sie morgens nicht lange überlegen müssen, was sie anziehen wollen. Aber warum ist dies so wichtig? Die meisten fangen mit dem Bett machen an. So hat man direkt eine Aufgabe positiv erledigt und fängt den Tag geordnet an. Der wichtigste Tipp zuerst:

Trink nach dem Schlafen einen halben Liter Wasser. Jedem, wirklich jedem, dem ich diesen Tipp gegeben habe, hat sich im Nachhinein bei mir bedankt. Wenn du schläfst, verlierst du bis zu einem halben Liter Flüssigkeit und trinkst zumeist acht bis zehn Stunden kein Wasser in dieser Zeit. Das führt zu Dehydratation. Die meisten Menschen glauben, dass sie am Morgen Hunger verspüren, aber der Magen kann dies gar nicht richtig unterscheiden. In 99 % aller Fälle handelt sich um Durst. Biologisch ist es so, dass das Verlangen nach Wasser schon Dehydration bedeutet und der Körper Wasser benötigt und das man vorher hätte trinken sollen.

Der Vorteil am Unternehmertum und der finanziellen Freiheit sind Luxus in Form von Outsourcing. Ich habe ja schon das Beispiel vom Stuhl nähergebracht und diese Metapher verfolge ich ausnahmslos. Ich konzentriere mich nur auf meine körperliche Physis, meine kognitive Weiterbildung, Freunde, Familie, Partnerschaft, gute Ernährung und Schlaf. Natürlich solltest du Hobbys nicht sekundär behandeln.

Meistens stehe ich um 5:00 Uhr auf, gehe mit dem Hund spazieren und nehme meine Vitamine. Hier kann ich nur empfehlen Vitamin D3, Vitamin B12 und Omega drei zu sich zu nehmen. Selbst die DGE, also die Deutsche Gesellschaft für Ernährung empfiehlt dies. Vitamin D3 lässt sich zum Beispiel nur durch Sonnenstrahlung herstellen und ist daher für uns Deutsche essenziell. Ich selber habe ungefähr 100 Bücher zum Thema Ernährung gelesen, dazu kommen wir jetzt auch gleich noch intensiver, aber so starte ich den Tag. Ich koche mein Essen vor, speziell mein Frühstück, trinke meinen Kaffee und setze mich 45 Minuten auf mein Spinning Rad. Alles banal. Mein Oberkörper bewegt sich nur minimal und die Nachbarn werden nicht gestört. Nach 45 Minuten sieht man aus, als wäre man eine Stunde in der Sauna gewesen. Auf dem Fahrrad lese ich ein Buch und genau 30 Seiten. Rund 30 Seiten?

Ein durchschnittliches Fachbuch hatte 300 Seiten, breche ich dies auf einen Tag runter, so lese ich drei Bücher im Monat und somit 36 Bücher im Jahr. Meine eigene Bibliothek zu Hause umfasst ca. 500 gelesene Bücher. Danach gehe ich duschen, mach mich fertig und fahre zur Arbeit. Hier arbeite ich durchschnittlich 8 bis 11 Stunden täglich. Nun möchte ich mich zu Hause nicht noch um Wäsche, saubermachen, Geschirr und Ähnliches kümmern, sondern um die Bausteine der Stuhlmetapher.

Einen Tag in der Woche habe ich mit meiner Partnerin fest vereinbart, dass wir unser Date haben. Samstag gehört meistens den Freunden und Sonntag ebenfalls der Familie und der Partnerin. Solltest du Kinder haben, so würde ich ebenfalls einen Tag vereinbaren, an dem du später zur Arbeit kommst, um die Kinder in den Kindergarten zu bringen und einen Tag, wo du früher nach Hause kommst, um die Routine des Abends durchführst.

Wenn ich zur Arbeit fahre, habe ich mich schon weitergebildet und mein Sportprogramm absolviert. Viermal die Woche fahre ich abends nach der Arbeit ins Fitnessstudio. Davon einmal am Wochenende. Viele werden dich als Spinner darstellen, aber lass das nicht dein Problem sein, denn du wirst langfristig glücklicher sein, wenn du dich um die vier Bausteine des Stuhls kümmerst und um das Verhältnis von Geben und Nehmen. Um zu Hause den Rücken freizuhaben, habe ich daher die beste Putzfee eingestellt, für die ich 300 Euro brutto monatlich zahle.

Ein Staubsaugerroboter hilft mir dabei, täglich kurz zu saugen, da mein Hund oft stark haart. Meine Einkäufe werden mir von einem bekannten Discounter wöchentlich zugeschickt. Die anderen Lebensmittel werden mir ebenfalls zugeschickt. Näheres dazu später. Zuletzt nutze ich die Mittagspausen, um entweder mit Arbeitskolleginnen und Kollegen etwas essen zu gehen oder um beispielsweise mein Auto sauberzumachen. Elementar ist es für mich jedoch, jeden Mittag zehn Minuten zu meditieren.

Ich weiß, was du denkst, aber sei gewiss, ich kann es dir empfehlen, obwohl ich Atheist und bei weitem kein Esoterikfan bin. Ich glaube nur an die Wissenschaft! Eine geführte Meditation mithilfe einer App mit Sprachunterstützung schafft es jedoch mich innerhalb von zehn Minuten vom Stresslevel 100 auf null zu reduzieren. Dies kann ich jeden empfehlen. Probiere es einfach mal aus.

Kommen wir zum Thema Ernährung. Fakt ist: Lies das Buch *Der Ernährungs-Kompass* und du lernst alles, was über Ernährung wissen muss. Was sind Makronährstoffe? Was sind Mikronährstoffe? Wie beeinflussen dich Hormone, was sind Kalorien, was sind gute und schlechte Kohlenhydrate, Mythen wie Fett, wie nehme ich richtig ab, Gluten Unverträglichkeiten usw. Ich könnte dieses Buch jetzt für dich zusammenfassen, es ist jedoch deutlich effektiver dir das Hörbuch zu holen.

Das Problem der heutigen Gesellschaft ist, dass wir uns stunden- und tagelang mit dem Vergleichen von Handytarifen beschäftigen, es aber jedoch hinnehmen, tonnenweise Zucker in uns hinein zu spülen oder vier Stunden pro Tag zu schlafen. Denk einfach mal an zehn erfolgreiche Unternehmer. Bill Gates, Jeff Bezos, Sebastian Kurz, Mark Zuckerberg usw. fällt dir was auf? Alle haben kein Übergewicht.

Einen Ferrari würdest du ja auch nicht mit minderwertigem Benzin tanken oder evolutionär bedingt dient uns Essen als Nährstoffgeber. Externe Nährstoffe, die wir uns zu führen, kann der Körper nicht selber herstellen. Also warum essen wir Brötchen aus Weizen, Süßigkeiten mit Zucker und Lebensmittel generell ohne Mehrwert?

Wir sind uns also einig, dass gesunde Ernährung wichtig ist. Nahrung besteht immer aus drei Makronährstoffen. Protein, Kohlenhydrate und Fette. Fakt ist: Ein Kaloriendefizit am Tag führt dazu, dass wir abnehmen. Ein Überschuss zur Zunahme. 7.000 Kalorien zu viel bedeuten ein Kilogramm

Fett mehr. Gleiches gilt bei der Abnahme. Wenn du täglich 1.000 Kalorien im Defizit isst, dann wirst du pro Woche ein Kilogramm Fett abnehmen. Jeder Makronährstoff hat bestimmte Wirkungen, die für den Körper essenziell sind. Vergessen dürfen wir aber auch nicht die Mikronährstoffe wie Vitamine, Zink, Mineralien usw. Brötchen zum Beispiel sind einfach nur leere Kalorien ohne Mikronährstoffe. Hier ist es einfach wichtig, einen gesunden Lebensstil zu finden und nicht eine kurzfristige Diät. Daher habe ich die Unternehmer-Diät erfunden. Diese basiert auf den Bausteinen vom langfristigen Einhalten von gesunder Ernährung und dies aus den positiven Erfolgen des Unternehmers zu refinanzieren.

Ich ernähre mich seit Jahren nach Paleo, auch Steinzeiternährung genannt. Warum? Nun ja, mehrere Millionen Jahre haben wir nur Fleisch und Nüsse gegessen. Irgendwann wurde dann angebaut und es kam der Weizen, der bis heute beliebter ist als alles andere. Also seit tausend Jahren isst der Mensch Weizenprodukte, aber Millionen Jahre zuvor sah unsere Ernährung anders aus.

Bei der Paleo-Ernährung wird auf Kohlenhydrate wie in der Steinzeit verzichtet. Dies führt dazu, dass die Kohlenhydrate, die vom Körper in Zucker umgewandelt werden, kein Insulin ausstoßen können. Insulin führt dazu, dass Fetteinlagerung unterstützt wird. Fällt der Insulinspiegel nach Zuckerabbau, wird dem Körper ein Mangel angezeigt und wir verspüren Heißhungerattacken. Daher verzichte ich komplett darauf und lebe seitdem ohne Hungergefühl. Auch esse ich nicht morgens direkt nach dem Aufstehen, denn wer hat dir beigebracht, dass wir am Tag dreimal essen sollen? Wer hat dir beigebracht, dass wir bei jeder Mahlzeit vollständige Sättigung erlangen müssen? Nahrung wurde im Zeitalter des Überflusses zum Luxusgut und wird nicht mehr als Funktion angesehen. Esse ich auch Süßigkeiten? Na klar! Gehe ich auch in Restaurants? Natürlich! Ich genieße jedoch, nehme also die Mahlzeit viel wertvoller wahr und gönne mir ab und zu etwas, jedoch nicht mehr täglich. Seitdem kann ich besser schlafen, habe einen inneren unbeschreiblichen Antrieb und habe seitdem nie mehr das McDonalds-Tief nach einer ungesunden Mahlzeit.

Wie könnte eine gute Ernährung aussehen? Jeden Morgen koche ich mir ein Omelett vor. Hierzu nehme ich geliefertes Eiklar aus TETRA Packungen, weil dies schneller geht, als Eier zu trennen und ich nicht das Eigelb wegschmeißen will. Dort hinein gebe ich Tomaten, Paprika und Mozzarella als Streukäse. Nun habe ich zwei Mahlzeiten für den Tag vorgeplant.

Da mein Essen vorgekocht ist, greife ich nicht zu Fastfood. Nun zweimal am Tag esse ich also je die Hälfte vom Omelett, beginnend um ca. 10:00 Uhr morgens, weil ich ebenfalls faste. Ich esse sechs Stunden täglich, den Rest des Tages faste ich. Dies ist für mich die beste Ernährungsform der Welt, da man nach ungefähr einer Woche kein Hungergefühl mehr erleidet und produktiver arbeiten kann. Zwischen der Omelett-Mahlzeit Nummer eins am Morgen und der Omelett-Mahlzeit um 16:00 Uhr esse ich eine vorbereitete fitnessgerechte Mahlzeit von Fittaste.

Dies ist ein Startup, welches mir jede Woche vorgekochte Mahlzeiten tief gekühlt zusendet, welche jeweils unter 500 Kcal haben. Das Einzige, was ich damit machen muss ist, es für vier Minuten in die Mikrowelle zu stellen. Natürlich kostet hier eine Mahlzeit durchschnittlich sechs Euro, in der Kantine würde ich diese jedoch auch ausgeben, erhalte dafür aber immer nur Currywurst und Pommes. Außerdem sprechen wir ja von der Unternehmer-Diät und wollen es uns so einfach wie möglich machen. Ergänzt wird das Ganze mit einem Proteinshake um 12:00 Uhr und einem fertigen Drink namens EGG-Protein, also ein Getränk aus Eiweißprotein mit Geschmack. Auch dies ist nicht ganz preiswert, aber wir sprechen von der Unternehmer-Diät und wollen es uns so einfach wie möglich machen So kommen wir auf einen Fettgehalt täglich von ca. 70 g, also 0,8 g pro fettfreiem Körpergewicht, 200 g Protein, also 3 g pro fettfreiem Körpergewicht und dem Rest Kohlenhydrate, den wir aufgrund der Fastenzeit und dem Insulinausstoß reduzieren wollen. Nochmal: Insulin führt dazu, dass es unmöglich ist gleichzeitig Fett abzubauen und Muskeln aufzubauen, da Insulin für den Abbau Zucker, also Glukose und Fructose (Glucose wird essenziell vom Gehirn benutzt) benötigt. Da Kohlenhydrate aus Glucose und Fructose bestehen, wollen wir diese reduzieren.

Da wir nun die Ernährung bei dir optimiert haben, bleibt nur noch der Schlaf.

Als letztes Michael kümmern wir uns um deinen Schlaf. Du fragst dich sicher, warum soll ich mir nun besseren Schlaf aneignen? Der Grund ist banal. Fakt ist, das schlafen dafür da ist, dass sich unser Körper erholt und regeneriert. Bei Schlafmangel können Symptome wie Kopfschmerzen, Unkonzentriertheit, Müdigkeit, Unproduktivität und er führt zur Senkung der weißen Blutkörperchen. Eigentlich ja auch logisch. Wer schlecht schläft, der kann tagsüber nicht Vollgas geben. Ein Profi-Sportler wird nie seine Höchstleistung abrufen, wenn er privat im Scheidungskrieg lebt. Unternehmer zu sein bedeutet, eine Höchstleistungsform und eine aktive Lebensform. Wer nicht gesund und fit ist, kann sein Maximum nicht abrufen. Dies gilt für Ernährung und schlafen.

Es gibt sogar Studien die beweisen, dass Schlafentzug zum Tod führen kann. Die Studie wurde nach 72 Stunden ohne Schlaf abgebrochen.

Der Schlaf besteht aus mehreren Zyklen. Für die Erholung sorgt die sogenannte Tiefschlafphase. Es kann sein, dass wir mit zwei Stunden weniger Schlaf fitter sind, als die Nacht davor. Dies liegt daran, dass wir vielleicht eine effizientere Tiefschlafphase hatten als vorher.

Aber wie können wir dies nun positiv beeinflussen? Serotonin ist ein Neurotransmitter, der für das Schlafen verantwortlich ist. Um die Produktion dieses Stoffes im Körper anzuregen, ist es wichtig, dass dein Schlafzimmer dunkel ist. Serotonin wird überwiegend bei Dunkelheit produziert. Dazu helfen dir auch Apps, die beim Tablet, TV und Handy bestimme Farben aus dem Bildschirm nehmen, sodass die Produktion des Stoffes nicht behindert wird. Weiterhin solltest du vorm Schlafen nichts mehr essen.

Wenn du vorher isst, dann wird dein Körper im Schlaf mit der Verdauung zu tun haben, anstatt sich vollständig um die Regeneration zu kümmern. Mir hilft auch eine Schlafmaske wunderbar. Man muss sich zwar daran gewöhnen, aber danach schläft man wie ein Baby. Wichtig wäre mir zum Beispiel noch, nicht zu viel im Schlafzimmer stehen zu haben, das Schlafzimmer komplett durch Gardinen oder Jalousien abdunkeln zu können und eine angenehme Temperatur zum Schlafen von 16° zu haben. Wenn du Probleme hast beim Einschlafen, weil dein Unterbewusstsein verrückt spielt, kann es hilfreich sein, Tagebuch zu schreiben. Indem du deine Ängste, das Erlebte und andere Geschehnisse handschriftlich protokolliert ist, löschst du diese gleichzeitig aus dem Unterbewusstsein und kannst besser einschlafen. Ich selber habe übrigens folgenden Fehler jahrelang gemacht. Ich bin allergisch gegen Tierfedern. Jahrelang habe ich mit den falschen Schlafutensilien verbracht und morgens bin ich mit Kopfschmerzen aufgewacht, konnte mir nicht erklären, woher diese kamen. Auch das Schnarchen, was meine Beziehungen extrem belastet hat, verschwand, nachdem ich auf Antiallergiker-Bettwäsche umgestiegen bin.

Nun, Michael. Wir sind fertig. Ich habe dir alles beigebracht, wovon ich denke, dass es dir hilft, ein erfolgreiches Unternehmen zu lenken, dich auf die wirklich wichtigen Dinge zu konzentrieren und langfristig glücklich zu sein. Abschließend noch ein persönlicher Rat. Du wirst dich an deinem Totenbett eher darüber ärgern, die Zeit nicht mit deinen Kindern verbracht zu haben, anstatt dich darüber zu ärgern, nicht im Unternehmen gewesen zu sein. Zu oft sagen wir uns, dass die Kinder auch irgendwann einmal mit uns in den Zoo gehen können. Aber irgendwann sind sie zu alt und wollen vielleicht nicht mehr mit dir gehen. Das sollte immer Priorität Nummer eins in deinem Leben sein. Auch das geben möchte ich dir nahelegen. Wie du anhand meiner Vergütung gesehen hast, spende ich einen Großteil meiner Einnahmen. Wenn dies jeder tun würde, hätten wir keine Sorgen mehr, wie sich gemeinnützige Organisationen refinanzieren können. Daher habe ich zum Beispiel mit einer Kollegin in meiner Heimatstadt einen Marketingverein gegründet, bei dem ich alle Marketer aus allen Unternehmen in einem Radius von 15 km über neue Marketings-Trends informiere, die Einnahmen in Höhe von 49 Euro pro Ticket werden jedoch dem Tierheim gespendet. So könnte sich jeder verpflichten, indem er sagt, dass 5 % des Reingewinns vom Unternehmen zu spenden sind. Es ist ein absolut tolles Gefühl zu geben.

Michael, ich werde dich nun auf deiner Reise alleine lassen und wir werden uns in einem Jahr wiedersehen. Lass dir unsere Gespräche durch den Kopf gehen, arbeite sukzessiv an der Umsetzung des Gelernten, lass dich von nichts abhalten, die Maßnahmen umzusetzen und ich freue mich von dir in einem Jahr zuhören.«

Thomas umarmte Michael, klopfte ihm auf die Schultern und sagte: »du schaffst das!«.

Das Ergebnis können Sie im dritten Buch nachlesen ...